TABLES ET DESSINS

DES

CANONS DE FER

POUR LA MARINE,

DES

BOUCHES À FEU DE BRONZE

POUR LES COLONIES,

ET DES INSTRUMENS

SERVANT À MESURER LEURS DIMENSIONS.

1787.

PRINCIPES DE LA CONSTRUCTION DES CANONS DE FER POUR LA MARINE. 1786.

La longueur des Canons, depuis la plate-bande de culasse jusqu'à la bouche, se divise en neuf parties.

LONGUEUR....
- du renfort...................... $4\frac{1}{4}$ } 9 parties.
- de la volée...................... $4\frac{1}{2}$ }
- dont pour la tulipe....................... $1\frac{1}{2}$
- du bouton, le cul-de-lampe compris, deux calibres, dont un demi pour le cul-de-lampe.
- Le bouton a deux lignes six points de diamètre de plus que les tourillons, dans les trois premiers calibres, & deux lignes seulement dans les trois derniers.
- Le plus grand renflement de la tulipe est à un demi-calibre de la bouche.
- On partage cette distance en deux également : celle du bout comprend la gorge & la ceinture de la bouche, & elle se divise en quatre parties, dont trois pour la gorge & une pour la ceinture.

ÉPAISSEUR.....
- Les Épaisseurs des Canons se proportionnent en $\frac{1}{128}$ du calibre.
- On donne aux Canons de 18, 12, 8 & 6 $\frac{21}{128}$ d'épaisseur à la lumière, dans la direction du fond de l'ame.
- $\frac{17}{128}$ à la fin du renfort.
- $\frac{16}{128}$ à la naissance de la volée.
- $\frac{12}{128}$ derrière & devant la plate-bande du collet & à la tranche de la bouche.
- Ces épaisseurs sont de $\frac{1}{128}$ de moins dans les Canons de 36 & de 24.

RAYON........
- du cul-de-lampe des arcs convexes & concaves, les deux tiers de la corde totale des deux arcs.
- de l'arrondissement de l'angle de la plate-bande, la moitié de la largeur de la plate-bande. Voyez le Tracé, dans la première planche.
- du collet du bouton.
  - Le rayon partant de la réunion du collet au cul-de-lampe, est égal au diamètre du bouton.
  - Celui qui passe par sa réunion avec le bouton, a de plus le rayon dudit bloc.
- du collet de la tulipe $\frac{1}{24}$ de la longueur du Canon pour les calibres de 8 & 6 longs, & $\frac{1}{30}$ pour tous les autres.
- de l'arrondissement du bourlet. Voyez la Table des Moulures & la première planche.

LA PLATE-BANDE DE CULASSE.
La plate-bande de culasse est parallèle au renfort.

LES TOURILLONS.. Leur diamètre & leur longueur ont deux lignes de plus que le calibre du Canon.

LES EMBASES..
L'écartement des embases à leur extrémité, devant les tourillons, est égal au diamètre du Canon, & se prend dans cet endroit.
Leur tranche est dans la direction de la partie la plus saillante de la plate-bande de culasse.

LE CANAL DE LUMIÈRE.
Il est creusé d'une ligne dans l'épaisseur du Canon, & ses bords sont inclinés d'une demi-ligne intérieurement.

L'ASTRAGALE DE LUMIÈRE.
Son premier listel est à quatre pouces du centre de la lumière.

ADOUCISSEMENS.
La plate-bande de culasse se réunit au renfort, & celui-ci à la volée, par une gorge ou adoucissement, dont la base est dans la Table des Moulures.

LA PLATE-BANDE DU COLLET.
L'astragale du collet a été remplacé par une plate-bande.

LA PLATE-BANDE DU RENFORT.
Il y a une plate-bande dans le milieu de la longueur du renfort des Canons de 36, 24, 18, 8 & 6 longs moulés en sable, pour la réunion des deux chassis de cette partie. Cette plate-bande a les mêmes dimensions que celle du collet de la tulipe.

LA CEINTURE DE LA BOUCHE.
Sa saillie est égale à la largeur.

LA LUMIÈRE...
L'inclinaison de la lumière une fois fixée dans le Canon de 36, elle a servi de règle pour les autres, elles sont toutes percées sous le même angle de 15 degrés, & la distance de l'angle antérieur de la plate-bande de culasse au centre de son orifice, est proportionnée à l'épaisseur du Canon dès cet endroit.

PRÉPONDÉRANCE.
La culasse doit l'emporter sur la volée d'un $\frac{1}{20}$.e de la pesanteur du Canon, non-compris les tourillons, le poids étant suspendu à la bouche, & les tourillons posants sur l'arête de deux barres de fer.

TABLE DES DIMENSIONS DES CANONS DE FER POUR LA MARINE. 1786.

CANONS DE FER

Chaque groupe de calibre comporte quatre sous-colonnes : **Pieds (Pi.) · Pouces (Po.) · Lignes (Li.) · Points (Pt.)**. Le signe « » indique une case vide (nulle) telle qu'imprimée ; les valeurs du corps du tableau sont relevées au mieux sur une planche gravée très dense et partiellement effacée.

Calibres de 36, de 24, de 18, de 12

Désignation	36 Pi.	36 Po.	36 Li.	36 Pt.	24 Pi.	24 Po.	24 Li.	24 Pt.	18 Pi.	18 Po.	18 Li.	18 Pt.	12 Pi.	12 Po.	12 Li.	12 Pt.
Calibre des Canons	»	6	5	»	»	5	7	»	»	5	1	6	»	4	5	9
Diamètre des boulets	»	6	3	»	»	5	5	4	»	4	11	6	»	4	4	»
Diamètre & longueur des tourillons, placés transversalement sous l'axe des Canons	»	7	6	»	»	5	5	6	»	5	3	6	»	4	8	»
A B Longueur des Canons, depuis l'extrémité de la plate-bande de culasse jusqu'à la tranche de la bouche	9	»	»	»	8	6	»	»	8	»	»	»	7	6	»	»
C D Longueur de l'âme des Canons, les angles du fond remplis d'une portion de cercle qui occupe un quart de calibre, tant sur la longueur que sur le diamètre de l'âme	8	8	»	»	7	11	7	»	7	6	»	»	7	1	9	»
e e Longueur du boulon, le cul-de-lampe compris	1	1	»	»	»	11	3	»	»	10	3	»	»	8	11	6
A a Longueur du renfort depuis l'extrémité de la plate-bande de culasse	4	»	»	»	4	2	»	»	3	9	4	»	3	6	»	»
a c Longueur de la volée jusqu'au milieu de la plate-bande du collet	3	»	»	»	3	4	7	»	3	2	»	»	2	11	10	»
C B Longueur de la tulipe depuis le milieu de la plate-bande du collet	1	»	»	»	1	1	3	»	1	»	5	»	»	11	8	»
E f Distance de l'extrémité de la plate-bande de culasse jusqu'au-devant des tourillons	4	1	6	»	3	9	4	»	3	6	9	»	3	4	»	»
ÉPAISSEUR — g g du métal à la culasse & à la lumière dans la direction du fond de l'âme	»	6	4	»	»	6	1	»	»	5	3	»	»	5	3	»
h h à la fin du renfort	»	5	1	»	»	5	2	»	»	4	11	»	»	4	3	»
i i de la naissance de la volée à la fin de la gorge. Voyez la Table des Moulures	»	4	7	»	»	4	10	»	»	4	7	»	»	4	»	»
k k derrière & devant la plate-bande du collet, & à la tranche de la bouche	»	3	5	»	»	3	»	»	»	2	10	»	»	2	6	»
l l au plus grand renflement du bourlet	»	3	5	»	»	4	5	»	»	4	5	»	»	3	11	»
m m à la ceinture de la couronne	»	3	7	6	»	4	1	»	»	3	9	6	»	3	4	»
DIAMÈTRE — n n à la plate-bande de culasse	1	»	11	»	1	3	1	»	1	»	6	»	»	4	8	»
o o à la fin de la gorge de la plate-bande	1	4	6	»	1	6	»	»	1	5	»	»	1	3	»	»
p p à l'extrémité du renfort	1	5	6	»	1	3	11	»	1	2	9	»	1	1	»	»
q q à la fin de la gorge du renfort	1	7	6	»	1	3	6	»	1	2	3	»	1	»	6	»
r r derrière & devant la plate-bande du collet, & à la tranche de la bouche	1	3	6	»	»	11	7	»	»	10	9	»	»	9	6	»
ſ ſ au plus grand renflement du bourlet	1	3	6	»	1	3	6	»	1	3	6	»	1	»	4	»
t t du bouton & du collet contre le cul-de-lampe	»	10	6	»	»	»	6	»	»	5	6	»	»	4	10	»
u u du collet du bouton	»	5	6	»	»	4	5	6	»	4	»	»	»	3	11	»
V V Écartement extérieur des culasses, mesuré pris à leur extrémité devant les tourillons	1	4	6	»	1	4	»	»	1	2	10	»	1	»	»	»
X X Distance de l'angle antérieur de la plate-bande de culasse au centre de la lumière, ce centre devant aboutir intérieurement au milieu de l'arc de l'arrondissement du fond de l'âme	»	6	»	»	»	3	2	»	»	2	4	»	»	2	4	»
Y Y Distance du fond de l'âme au point où aboutit le centre de la lumière	»	6	»	»	»	4	10	»	»	4	»	»	»	4	»	»
Diamètre de la lumière évasée de six points à son orifice supérieur	»	2	6	»	»	2	6	»	»	2	6	»	»	2	6	»
Diamètre de l'arrondissement du canal de lumière — autour de la lumière	»	2	»	»	»	2	»	»	»	2	»	»	»	2	»	»
Diamètre de l'arrondissement du canal de lumière — au bout arrondi	»	9	»	»	»	9	»	»	»	9	»	»	»	9	»	»
Longueur intérieure du canal de lumière	»	4	»	»	»	4	»	»	»	4	4	»	»	4	»	»
Largeur du canal de lumière à l'extrémité du grand rayon, le rétrécissant insensiblement à l'arrondissement du bout	»	2	»	»	»	2	»	»	»	1	»	»	»	1	»	»
Profondeur d'éclat creusé dans l'épaisseur du Canon, & incliné d'une demi-ligne intérieurement	»	3	»	»	»	3	»	»	»	2	6	»	»	2	6	»
Longueur des masselottes	3	»	»	»	3	»	»	»	»	2	6	»	»	2	6	»
Poids des Canons	7105 lb				5116 lb				4212 lb				2995 lb			

Calibres de 8 (LONG, COURT) et de 6 (LONG, COURT)

Désignation	8 LONG Pi.	8 LONG Po.	8 LONG Li.	8 LONG Pt.	8 COURT Pi.	8 COURT Po.	8 COURT Li.	8 COURT Pt.	6 LONG Pi.	6 LONG Po.	6 LONG Li.	6 LONG Pt.	6 COURT Pi.	6 COURT Po.	6 COURT Li.	6 COURT Pt.
Calibre des Canons	»	3	11	»	»	3	11	»	»	3	6	8	»	3	6	8
Diamètre des boulets	»	3	9	6	»	3	9	6	»	3	5	2	»	3	5	»
Diamètre & longueur des tourillons	»	4	1	»	»	4	1	»	»	3	8	6	»	3	8	6
A B Longueur des Canons	8	»	»	»	6	10	»	»	7	»	»	»	6	»	»	»
C D Longueur de l'âme des Canons	7	7	5	»	6	5	5	»	6	7	10	»	5	9	10	»
e e Longueur du boulon	»	7	10	»	»	7	10	»	»	7	1	»	»	7	1	»
A a Longueur du renfort	3	9	4	»	3	2	9	»	3	3	8	»	2	10	11	»
a c Longueur de la volée	3	2	3	»	2	8	8	»	2	9	5	»	2	5	6	»
C B Longueur de la tulipe	1	»	5	»	»	10	7	»	»	10	11	»	»	9	7	»
E f Distance	3	6	7	»	3	»	6	»	3	1	5	»	2	9	3	»
ÉPAISSEUR — g g	»	4	7	»	»	4	7	»	»	4	2	»	»	4	2	»
h h à la fin du renfort	»	3	8	»	»	3	8	»	»	3	4	»	»	3	4	»
i i de la naissance de la volée	»	3	6	»	»	3	6	»	»	3	2	»	»	3	2	»
k k derrière & devant la plate-bande du collet	»	2	3	»	»	2	2	»	»	2	1	»	»	2	1	»
l l au plus grand renflement du bourlet	»	3	5	»	»	3	5	»	»	3	1	»	»	3	1	»
m m à la ceinture de la couronne	»	2	11	»	»	2	11	»	»	2	8	»	»	2	8	»
DIAMÈTRE — n n	1	2	7	»	1	2	7	»	1	1	5	»	1	1	5	»
o o à la fin de la gorge de la plate-bande	1	1	»	»	1	3	»	»	1	1	»	»	1	1	»	»
p p à l'extrémité du renfort	»	11	3	»	»	11	3	»	»	10	3	»	»	10	3	»
q q à la fin de la gorge du renfort	»	10	11	»	»	10	11	»	»	9	11	»	»	9	11	»
r r derrière & devant la plate-bande du collet	»	8	3	»	»	8	3	»	»	7	7	»	»	7	7	»
ſ ſ au plus grand renflement du bourlet	»	10	9	»	»	10	9	»	»	9	9	»	»	9	9	»
t t du bouton & du collet contre le cul-de-lampe	»	4	3	»	»	4	3	»	»	3	10	»	»	3	10	»
u u du collet du bouton	»	3	5	»	»	3	5	»	»	3	1	»	»	3	1	»
V V Écartement extérieur des culasses	»	11	4	»	»	11	4	»	»	10	4	»	»	10	4	»
X X Distance de l'angle antérieur	»	3	2	»	»	3	2	»	»	2	1	»	»	2	1	»
Y Y Distance du fond de l'âme	»	3	6	»	»	3	6	»	»	2	6	»	»	2	6	»
Diamètre de la lumière évasée	»	2	6	»	»	2	6	»	»	2	6	»	»	2	6	»
Diamètre de l'arrondissement — autour de la lumière	»	2	»	»	»	2	»	»	»	2	»	»	»	2	»	»
Diamètre de l'arrondissement — au bout arrondi	»	9	»	»	»	9	»	»	»	9	»	»	»	9	»	»
Longueur intérieure du canal de lumière	»	4	4	»	»	4	4	»	»	4	»	»	»	4	4	»
Largeur du canal de lumière	»	1	»	»	»	1	»	»	»	1	»	»	»	1	»	»
Profondeur d'éclat	»	2	»	»	»	2	»	»	»	2	»	»	»	2	»	»
Longueur des masselottes	»	2	»	»	»	2	»	»	»	2	»	»	»	2	»	»
Poids des Canons	2382 lb				2056 lb				1733 lb				1530 lb			

3

TABLE DES DIMENSIONS DES MO_URES DES CANONS DE FER. 1786.

CANONS DE FER

Chaque calibre est subdivisé en **LARGEUR** et **SAILLIE**, chacune en *Pouc.* (Pouces), *Lig.* (Lignes) et *Pt.* (Points). Les calibres de 8 et de 6 sont chacun subdivisés en **LONG** et **COURT**.

Canons de 36, 24, 18 & 12

Dimensions	36 Larg. Pouc	36 Larg. Lig	36 Larg. Pt	36 Saill. Pouc	36 Saill. Lig	36 Saill. Pt	24 Larg. Pouc	24 Larg. Lig	24 Larg. Pt	24 Saill. Pouc	24 Saill. Lig	24 Saill. Pt	18 Larg. Pouc	18 Larg. Lig	18 Larg. Pt	18 Saill. Pouc	18 Saill. Lig	18 Saill. Pt	12 Larg. Pouc	12 Larg. Lig	12 Larg. Pt	12 Saill. Pouc	12 Saill. Lig	12 Saill. Pt
Plate-bande de culasse	2	3			9		2				9		2				9		1	9			9	
Listel d'idem, se réunissant au renfort par une gorge		3			6			2	6		6	6		2						2			7	
Base de la gorge depuis le listel	1						1							10						9				
Distance de l'angle antérieur de la plate-bande de culasse au premier listel de l'astragale	7	6					7	2					6	6					6	4				
L'astragale		11			5			10			4			9						8			3	6
Les deux listels		5	6		1	6		5			1	4		4	6		1			4			1	2
Base de la gorge du renfort, se réunissant à la volée	1						1							10						9				
Plate-bande du collet & du renfort dans les Canons de 36, 24 & 18, coulés en sable *		3			2			3			2		1	2					1	2			2	
Distance du milieu de la plate-bande du collet à la bouche	14						13	3					12	5					11	8				
Distance de la bouche au plus grand renflement du bourlet, un demi-calibre ou	3	2	9				2	9	9				2	6	9				2	2	10			
Rayon de l'arc. — du collet ⅓ aux calibres de 8 & 6 longs, & ¼ aux autres. — de l'arrondissement du bourlet. Voyez le tracé de la tulipe, Planche 1.re	24						22	8					21	4					20					
Ceinture de la couronne		4	10					4	3					3	10					3	4			
Largeur de la gorge de la bouche, & rayon de son arc	1	2	6				1		8					11	6					10	1			
Largeur des embases dont la tranche est dirigée dans le prolongement de la ligne avalant l'angle antérieur de la plate-bande de culasse	1	9					1	6					1	6					1	3				
Rayon des arcs du cul-de-lampe. — les deux tiers de la corde totale des deux arcs. Voyez le tracé. — de l'arrondissement de l'angle de la plate-bande	1	1	6				1						1							10	6			
Rayon du collet du bouton, le diamètre du bouton ou	6	10					6							5	6				4	10				

Canons de 8 (LONG, COURT) & de 6 (LONG, COURT)

Dimensions	8 L. Larg. Pouc	8 L. Larg. Lig	8 L. Larg. Pt	8 L. Saill. Pouc	8 L. Saill. Lig	8 L. Saill. Pt	8 C. Larg. Pouc	8 C. Larg. Lig	8 C. Larg. Pt	8 C. Saill. Pouc	8 C. Saill. Lig	8 C. Saill. Pt	6 L. Larg. Pouc	6 L. Larg. Lig	6 L. Larg. Pt	6 L. Saill. Pouc	6 L. Saill. Lig	6 L. Saill. Pt	6 C. Larg. Pouc	6 C. Larg. Lig	6 C. Larg. Pt	6 C. Saill. Pouc	6 C. Saill. Lig	6 C. Saill. Pt
Plate-bande de culasse	1	6			8		1	6			8		1	6			8		1	6			8	
Listel d'idem, se réunissant au renfort par une gorge		2			6			2			6			1	9		6	3		1	9		6	3
Base de la gorge depuis le listel		8						8						7						7				
Distance de l'angle antérieur de la plate-bande de culasse au premier listel de l'astragale	6	3					6	3					6	1					6	1				
L'astragale		7			3			7			3			6			3			6			3	
Les deux listels		3	6		1			3	6		1			3			1			3			1	
Base de la gorge du renfort, se réunissant à la volée		8						8						7						7				
Plate-bande du collet & du renfort dans les Canons de 36, 24 & 18, coulés en sable *	1				1		1				1			10			1			10			1	
Distance du milieu de la plate-bande du collet à la bouche	12	5					10	7					10	11					9	7				
Distance de la bouche au plus grand renflement du bourlet, un demi-calibre ou	1	11	6				1	11	6				1	9	4				1	9	4			
Rayon de l'arc. — du collet ⅓ aux calibres de 8 & 6 longs, & ¼ aux autres. — de l'arrondissement du bourlet. Voyez le tracé de la tulipe, Planche 1.re	32						19	2	8				28						16	5	4			
Ceinture de la couronne		3						3						2	8					2	8			
Largeur de la gorge de la bouche, & rayon de son arc		8	9					8	9					8						8				
Largeur des embases dont la tranche est dirigée dans le prolongement de la ligne avalant l'angle antérieur de la plate-bande de culasse	1	2					1	2					1						1					
Rayon des arcs du cul-de-lampe. — les deux tiers de la corde totale des deux arcs. Voyez le tracé. — de l'arrondissement de l'angle de la plate-bande		9						9						9						9				
Rayon du collet du bouton, le diamètre du bouton ou	4	3					4	5					3	10	6				3	10	6			

* Il y aura une plate-bande dans le milieu de la largeur du renfort des Canons de 36, 24, 18, 8 & 6 longs, coulés en sable pour l'assemblage des châssis.

TRACÉ DE LA TULIPE.

Prenez fur la ligne, Aa, rayon du Canon au plus grand renflement du Net, la partie Ca, déterminée par la perpendiculaire Ce; menez la corde aC, élevez à fon extrémité C, la perpendiculaire CO qui ira rencontrer la ligne aa la moitié ab de la ligne aO fera le rayon du bourlet.

Règle pour accorder le renflement ou bourlet avec l'adouciffement du collet.

Le rayon de l'arc qui forme le collet du bourlet eft égal aux $\frac{3}{90}$ de la lotcur du Canon, dans les calibres de 8 & de 6 longs, & aux $\frac{2}{90}$ dans tous les autres calibres.

Si avec ce rayon du point h pris pour centre, on décrit un arc k, & fi point b avec un rayon égal à la fomme du précédent plus au rayon bc de l'arrondiffement du bourlet, on décrit un autre arc qui coupe le premier, loint k fera le centre de l'arrondiffement du collet du bourlet décrit avec le rayon kh, & cet arc fe raccordera avec l'arrondiffement du renflement.

TRACÉ DU BOUTONET DE SON COLLET.

Du point g déterminé par la table, tracez le cercle du bouton. Menez par loint M, qui eft auffi déterminé, la parallèle BG à la ligne AO de la plate-bande de culaffe. Prenez pour premier rayon ef, diamètre du bouton, ou BG fonale, & du point G décrivez l'arc h. Prenez pour fecond rayon la ligne gh, compofée du diamètre & du rayon du bouton, avec laquelle vous recoupez h pour avoir le centre de l'arrondiffement du collet Ge du bouton. On aura par la même opération l'arc Bn.

TRACÉ DU CUL-DE-LAMPE ET DE L'ARRONDISSEMENT DE L'ANGLE DE LA PLATE-BANDE DE CULASSE.

Partie convexe u cul-de-lampe.

Menez la corde AB, divifez-la en deux également au point C, des points C & B, décrivez avec deux rayons égaux aux deux tiers de la corde, des arcs-de-cercle qui fe coupent en D, & du point D, pris pour centre, décrivez l'arc G.

Partie concave u cul-de-lampe.

Prenez la moitié de la corde AB, des points C & E décrivez deux arcs-de-cercle avec deux rayons égaux aux deux tiers de la corde, & du point F, où ils fe coupent, décrivez l'arc CE.

Arrondiffement de angle de la culaffe.

Faites Aa égal au quart de la largeur de la plate-bande, menez à cette ligne la perpendiculaire ab, égale au double de Aa; & du point b, comme centre, décrivez l'arc aE.

Canons de Fer.

Tracé des parties ...ondies des Canons
Tracé ou Vid de Lange ... du Bouton
Tracé du Bourlet ... ou son Collet ...
... ou le Tulipe
Diametres des Boulets
Calibres des Canons de Grandeur naturelle.
Calibres.
36
24
18
12
8
4
Échelle de 6 pouces pour ... Pied du Canon du 18.

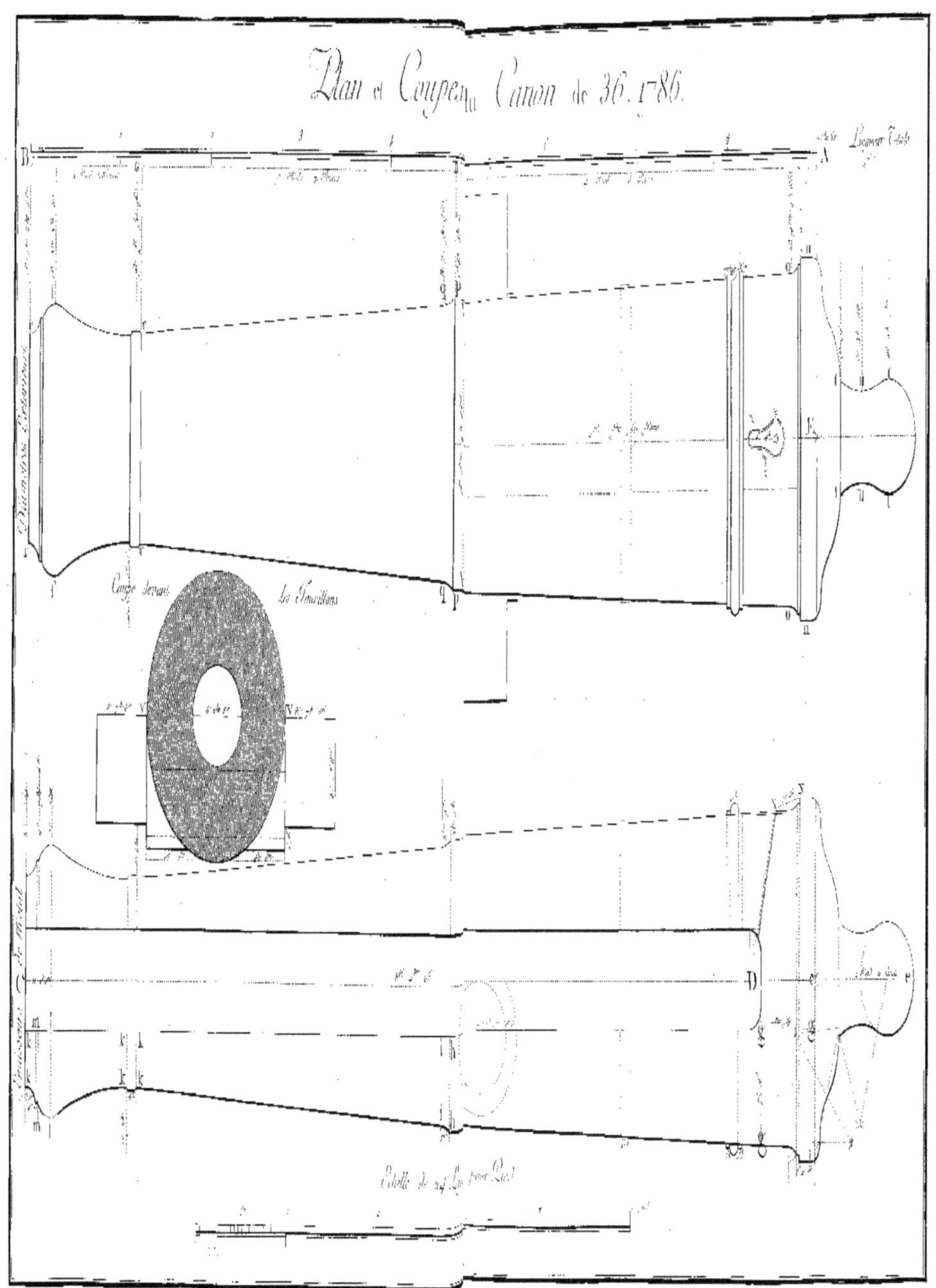

Plan et Coupe du Canon de 36. 1786.

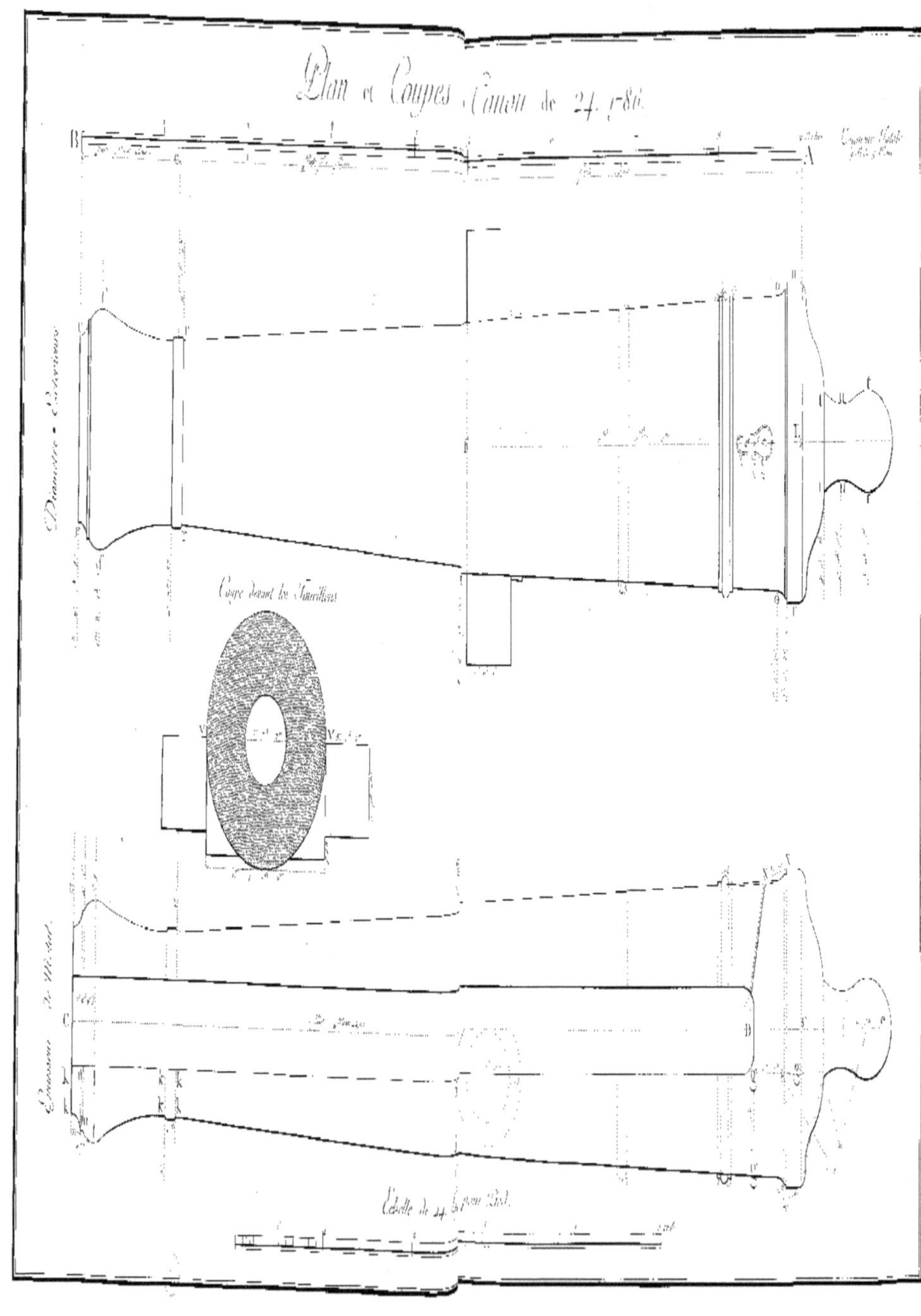

Plan et Coupes Canon de 24. 1786.
Coupe devant les Tourillons
Echelle de 24. Lignes pour Pied.

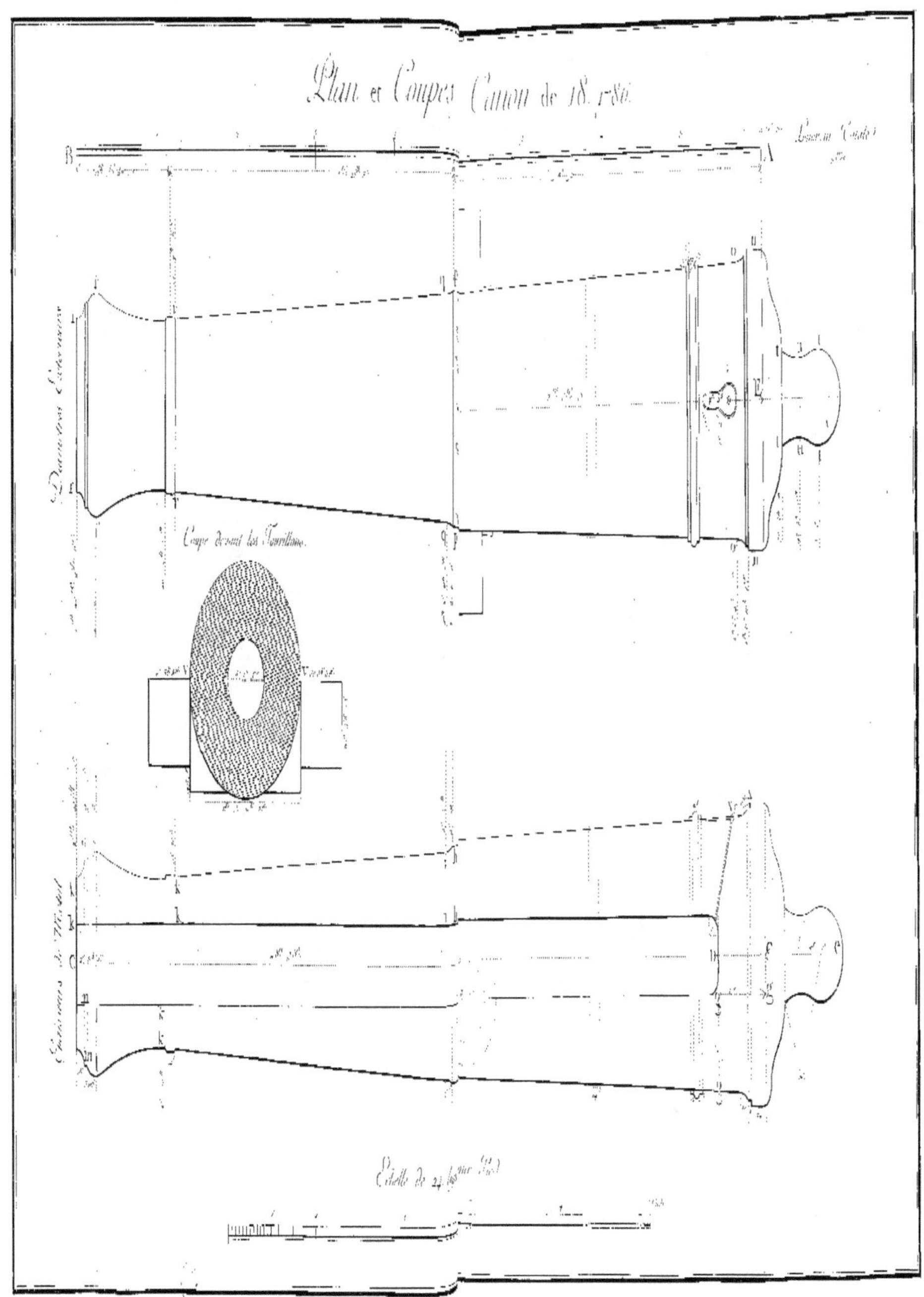

Plan et Coupes Canon de 18. 1786.
Coupe devant les Tourillons.
Échelle de

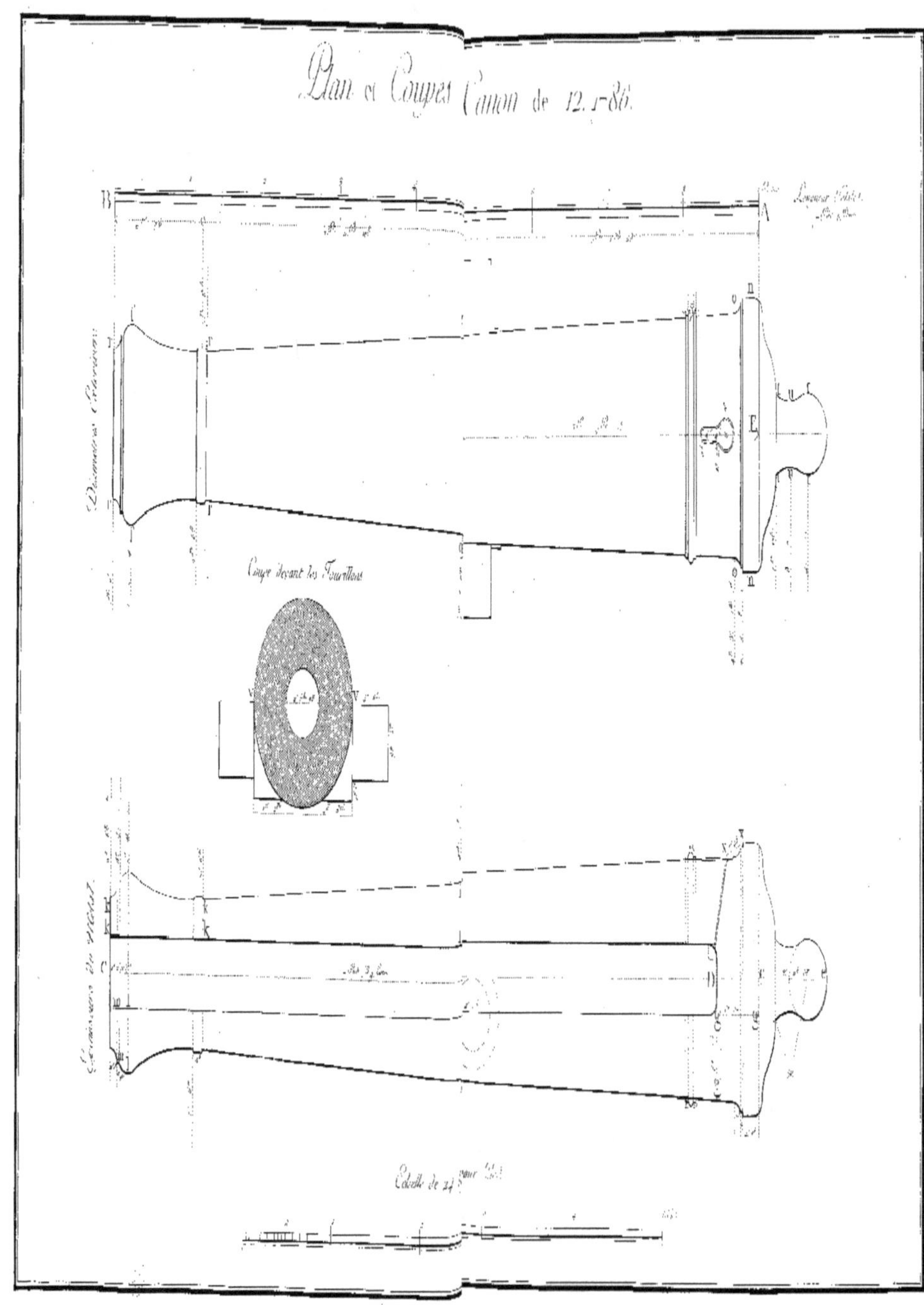
Plan et Coupes Canon de 12. r-86.
Coupe devant les Tourillons
Echelle de 2 pour 100

Plan et Coupes du Canon 8. Long pour les Gaillards. 1786.

Diametres Exterieurs.

Coupe devant les Tourillons.

Epaisseur de Metal.

Echelle de 1re pour 1pied.

Plan et Coupes du C. de 8 (Court) 1786

Coupe devant les Tourillons

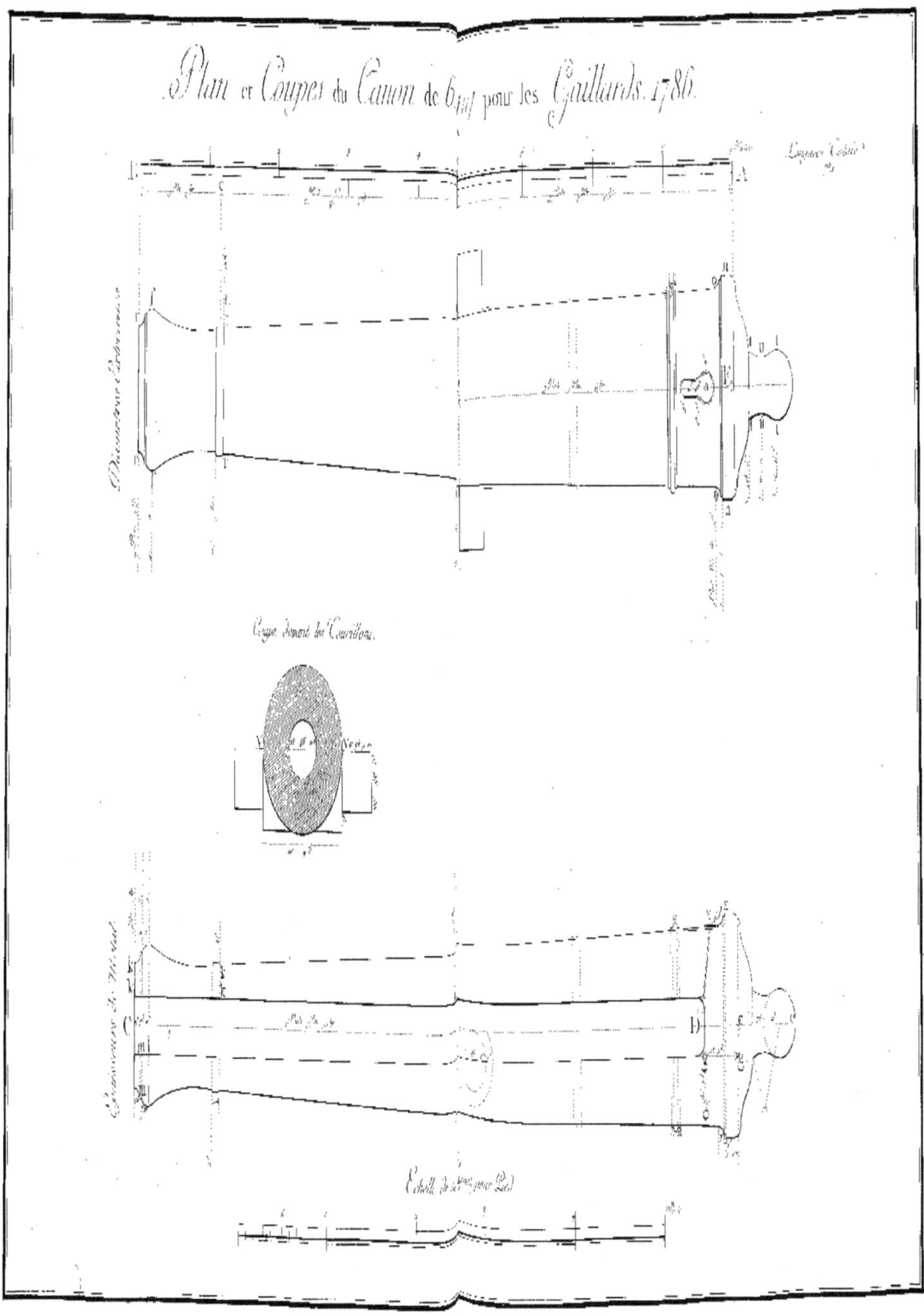

Plan et Coupes du Canon de 6 pour les Gaillards. 1786.
Coupe devant les Tourillons.
Echelle de pour Pied.

Plan et Coupes du Can. de 6. Court 1786.
Coupe devant les Tourillons

Bouches à feu
de Bronze.

1

PRINCIPES DE LA CONSTRUCTION DES CANONS DE BRONZE DE 24, 18, ET DE 1 LIV. *DIT* PERRIER, POUR LA MARINE. 1786.

La longueur des Canons, depuis la plate-bande de culasse jusqu'à la bouche, se divise en neuf parties.

LONGUEUR.
- du renfort...................... 4 ½ } 9 parties.
- de la volée..................... 4 ½ }
- dont pour la tulipe............... 1 ½
- du bouton, le cul-de-lampe compris, deux calibres, dont un demi pour le cul-de-lampe.
- Le bouton a deux lignes de plus que le diamètre des tourillons.
- Le plus grand renflement de la tulipe est à un demi-calibre de la bouche.
- On partage cette distance en deux également: celle du bout comprend la gorge & la ⅓ de la bouche, & elle se divise en quatre parties, dont trois pour la gorge & une pour la ceinture.

ÉPAISSEUR.
- Les Épaisseurs des Canons se proportionnent en 21.es de diamètre du boulet.
- On donne ⅔ d'épaisseur à la lumière, dans la direction du fond de l'ame.
- 17/21 à la fin du renfort.
- 16/21 à la naissance de la volée.
- 12/21 derrière & devant la plate-bande du collet & à la tranche de la bouche.

RAYON.
- du cul-de-lampe.......... des arcs convexes & concaves, les deux tiers de la corde totale des ...
- de l'arrondissement de l'angle de la plate-bande, la moitié de la largeur de la plate-bande. *(première planche des Canons de fer.)*
- du collet du bouton. { Le rayon partant de la réunion du collet au cul-de-lampe, est égal ... du bouton.
  { Celui qui passe par sa réunion avec le bouton, a ... plus le rayon ...
- du collet de la tulipe ⅟... de la longueur du Canon.
- de l'arrondissement du boulet. *Voyez la Table des Moulures & la première planche des Canons de f.*

LA PLATE-BANDE DE CULASSE. La plate-bande de culasse est parallèle au renfort.

LES TOURILLONS. Leur diamètre & leur longueur ont le diamètre du boulet.

EMBASES.
- L'écartement des embases à leur extrémité, devant les tourillons, est égal au grand diamètre du Canon dans cet endroit.
- Leur tranche est dans la direction de la partie la plus saillante de la plate-bande de culasse ... son angle antérieur.

LE CANAL OU CHAMP DE LUMIÈRE. Il est creusé d'une ligne dans l'épaisseur du Canon, & ses bords sont inclinés d'une ligne ... heurement.

RÉUNION DE LA PLATE-BANDE DE CULASSE, AVEC LE RENFORT, ET DU BOUT DU RENFORT AVEC LA VOLÉE. La plate-bande de culasse se réunit au renfort, & celui-ci à la volée, par une gorge ou astragale, dont la base est dans la Table des Moulures.

PLATE-BANDE (du milieu du renfort). Il y aura une plate-bande dans le milieu de la longueur du renfort des calibres de 24 & s'il est ordonné de les mouler en sable, pour la réunion des deux châssis de cette partie. Cette plate-bande ainsi que celle du bout du renfort & celle du collet, auront les mêmes dimensions; il n'y aura pas de plate-bande d⁶ milieu du renfort aux Canons moulés en terre.

LA CEINTURE DE LA BOUCHE. Sa saillie est égale à sa largeur.

LA LUMIÈRE. La lumière est percée sous l'angle de 15 degrés, & aboutit au milieu du quart de rond ... fond de l'ame. La distance de l'angle antérieur de la plate-bande de culasse au centre de son orifice, est proportionnée à l'épaisseur du Canon dans cet endroit.

PRÉPONDÉRANCE. La culasse doit l'emporter sur la volée d'un 30.e de la pesanteur des Canons de 24 & non compris les tourillons, & d'un 40.e dans le Perrier, le poids étant suspendu à la bouche, & les tourillons posant sur l'arête de deux barres de fer.

2

TABLE DES DIMENSIONS DES CANONS DE BRONZE de 24, 18, ET DE 1 LIVRE *DIT* PERRIER, POUR LA MARINE. 1786.

	de 24				de 18				de 1			
DIMENSIONS	Pieds	Pouc.	Lig.	Points	Pieds	Pouc.	Lig.	Points	Pieds	Pouc.	Lig.	Points
Calibre des Canons	»	5	7	7	»	5	1	6	»	1	11	6
Diamètre des boulets	»	5	5	5	»	4	11	6	»	1	10	6
Diamètre & longueur des tourillons, placés immédiatement sous l'axe des Canons	»	5	5	5	»	4	11	6	»	1	10	6
A B Longueur des Canons, depuis l'extrémité de la plate-bande de culasse jusqu'à la tranche de la bouche	10	»	»	»	9	6	»	»	2	10	»	»
C D Longueur de l'ame des Canons, les angles du fond remplis d'une portion de cercle qui occupe un quart de calibre, la longueur, que sur le diamètre de l'ame	9	6	6	8	9	1	»	6	2	8	3	3
e e Longueur du bouton, le cul-de-lampe compris	»	11	3	»	»	10	3	»	»	3	9	»
A a Longueur du renfort depuis l'extrémité de la plate-bande de culasse	4	8	8	»	4	5	10	»	1	4	»	»
a C Longueur de la volée jusqu'au milieu de la plate-bande du collet	3	11	9	»	3	9	5	»	1	1	6	»
C B Longueur de la tulipe depuis le milieu de la plate-bande du collet	1	3	7	»	1	2	9	»	»	4	6	»
E f Distance de l'extrémité de la plate-bande de culasse jusqu'au-devant des tourillons	4	5	1	8	4	1	10	6	1	3	5	8
Épaisseur — g g du métal à la culasse, & à la lumière, dans la direction du fond de l'ame	»	5	5	4	»	4	11	6	»	1	8	9
Épaisseur — h h à la fin du renfort	»	4	4	11	»	4	»	2	»	1	4	3
Épaisseur — i i de la naissance de la volée, à la fin de la gorge. Voyez la Table des Moulures	»	4	1	9	»	3	9	4	»	1	2	5
Épaisseur — k k derrière & devant la plate-bande du collet, & à la tranche de la bouche	»	2	7	1	»	2	4	4	»	»	9	3
Épaisseur — l l à la ceinture de la couronne	»	3	7	9	»	3	3	10	»	1	1	8
Épaisseur — m m au plus grand renflement du bourlet	»	4	4	1	»	3	11	6	»	1	4	7
Diamètre — n n à la plate-bande de culasse	1	6	2	»	1	4	8	»	»	5	11	10
Diamètre — o o à la fin de la gorge de la plate-bande	1	4	7	»	1	5	1	6	»	5	5	6
Diamètre — p p à l'extrémité du renfort	1	2	5	6	1	1	2	»	»	4	8	»
Diamètre — q q à la fin de la gorge du renfort	1	1	11	»	1	»	8	»	»	4	4	»
Diamètre — r r derrière & devant la plate-bande du collet & à la tranche de la bouche	»	10	10	»	»	9	10	»	»	3	6	»
Diamètre — f f au plus grand renflement du bourlet	1	2	4	»	1	1	»	6	»	4	8	10
Diamètre — t t du bouton & du collet contre le cul-de-lampe	»	5	7	4	»	5	1	10	»	1	10	6
Diamètre — u u du collet du bouton	»	4	7	»	»	4	2	»	»	1	5	»
V V Écartement extérieur des embases, mesure prise à leur extrémité devant les tourillons	1	2	6	6	1	1	3	»	»	4	8	»
X X Distance de l'angle antérieur de la plate-bande de culasse au centre de la lumière, ce centre devant aboutir au milieu de l'arc de l'arrondissement du fond de l'ame	»	2	6	»	»	2	»	8	»	»	10	»
y y Distance du fond de l'ame au point où aboutit le centre de la lumière	»	»	4	10	»	»	4	6	»	»	3	6
Diamètre de la lumière, évasée de six points à son orifice extérieur	»	»	2	6	»	»	2	6	»	»	2	6
Diamètre de l'arrondissement du canal ou champ de lumière — autour de la lumière	»	2	»	»	»	2	»	»	»	»	»	»
Diamètre de l'arrondissement du canal ou champ de lumière — au bout arrondi	»	»	9	»	»	»	9	»	»	»	»	»
Longueur intérieure du champ de lumière	»	4	4	»	»	»	4	4	»	»	»	»
Largeur du champ de lumière à l'extrémité du grand rayon, se réunissant insensiblement à l'arrondissement du bout	»	»	2	»	»	»	2	»	»	»	»	»
Profondeur d'idem, creusé d'une ligne dans l'épaisseur du Canon, & incliné d'une demi-ligne intérieurement	»	»	1	»	»	»	1	»	»	»	»	»
Longueur des maffelottes	5	»	»	»	4	6	»	»	2	»	»	»
POIDS DES CANONS	5714 liv.				4455 liv.				168 liv.			

3

TABLE DES DIMENSIONS DES MOULURES DES CANONS DE ONZE, DE 24, 18, ET DE 1 LIVRE, DIT PERRIER, POUR LA MARINE. 1786.

	DIMENSIONS																
	de 24.						de 18.						de 1.				
	LARGEUR			SAILLIE			LARGEUR			SAILLIE			LARGEUR			SAILLIE		
	Pouces.	Lignes.	Points.	Pouces.	Lignes.	Points.	Pouces.	Lignes.	Points.	Pouces.	Lignes.	Points.	Pouces.	Lignes.	Points.	Pouces.	Lignes.	Points.
Plate-bande de culasse	2	"	"	"	9	"	2	"	"	"	9	"	"	7	"	"	3	"
Liftel d'idem, _se réunissant au renfort par une gorge_	"	2	6	"	6	6	"	2	"	"	7	"	"	1	"	"	2	"
Bafe de la gorge _depuis le liftel_	1	"	"	"	"	"	"	10	"	"	"	"	"	4	"	"	"	"
Plate-bandes — du milieu du renfort	1	3	"	"	2	"	1	"	"	"	2	"	"	"	"	"	"	"
Plate-bandes — du bout du renfort	1	3	"	"	2	"	1	"	"	"	2	"	"	"	"	"	"	"
Plate-bandes — de la volée	1	3	"	"	2	"	1	"	"	"	2	"	"	4	"	"	"	6
Liftel de la plate-bande du renfort	"	1	"	"	"	"	"	1	"	"	"	"	"	"	"	"	"	"
Bafe de la gorge du renfort, _se réunissant à la volée_	"	"	"	"	"	"	"	10	"	"	"	"	"	4	"	"	"	"
Diftance du milieu de la plate-bande du collet, à la bouche	15	7	"	"	"	"	14	9	"	"	"	"	4	6	"	"	"	"
Diftance de la bouche au plus grand renflement du bourlet, ½ calibre	2	9	9	"	"	"	2	6	9	"	"	"	"	11	9	"	"	"
Rayons de l'arc — du collet, ⅔ du Canon	26	8	"	"	"	"	25	4	"	"	"	"	7	6	8	"	"	"
Rayons de l'arc — de l'arrondiffement du bourlet. Voyez le tracé de la tulipe, Pl. ... canons de fer.																	
Ceinture de la couronne	"	4	3	"	"	"	"	3	10	"	"	"	"	1	5	"	"	"
Largeur de la gorge de la bouche & rayon de fon arc	1	"	8	"	"	"	"	11	6	"	"	"	"	4	5	"	"	"
Largeur des embrafes, dont la tranche eft dirigée felon la ligne arrafant l'angle antérieur de la plate-bande de culaffe	1	6	"	"	"	"	1	6	"	"	"	"	"	6	"	"	"	"
Rayon des arcs du cul-de-lampe, les ⅔ de la corde totale des deux arcs																	
Rayon du collet du bouton, le diamètre du bouton	5	7	4	"	"	"	5	1	10	"	"	"	1	10	6	"	"	"

TABLE DES DIMENSIONS DES MOULURES DES CANONS DE BRONZE, DE 24, 18, ET DE 1 LIVRE, DIT PERRIER, POUR LA MARINE. 1786.

DIMENSIONS

Désignation	24 LARGEUR Pouces	24 LARGEUR Lignes	24 LARGEUR Points	24 SAILLIE Pouces	24 SAILLIE Lignes	24 SAILLIE Points	18 LARGEUR Pouces	18 LARGEUR Lignes	18 LARGEUR Points	18 SAILLIE Pouces	18 SAILLIE Lignes	18 SAILLIE Points	1 LARGEUR Pouces	1 LARGEUR Lignes	1 LARGEUR Points	1 SAILLIE Pouces	1 SAILLIE Lignes	1 SAILLIE Points
Plate-bande de culasse	2	"	"	"	9	"	2	"	"	"	9	"	"	7	"	"	3	"
Listel d'idem, se réunissant au renfort par une gorge	"	2	6	"	6	6	"	2	"	"	7	"	"	1	"	"	2	"
Base de la gorge depuis le listel	1	"	"	"	"	"	"	10	"	"	"	"	"	4	"	"	"	"
Plate-bandes — du milieu du renfort	1	3	"	"	2	"	1	"	"	"	2	"	"	"	"	"	"	"
Plate-bandes — du bout du renfort	1	3	"	"	2	"	1	"	"	"	2	"	"	"	"	"	"	"
Plate-bandes — de la volée	1	3	"	"	2	"	1	"	"	"	2	"	"	4	"	"	"	6
Listel de la plate-bande du renfort	"	1	"	"	"	"	"	1	"	"	"	"	"	"	"	"	"	"
Base de la gorge du renfort, se réunissant à la volée	"	"	"	"	"	"	"	10	"	"	"	"	"	4	"	"	"	"
Distance du milieu de la plate-bande du collet, à la bouche	15	7	"	"	"	"	14	9	"	"	"	"	4	6	"	"	"	"
Distance de la bouche au plus grand renflement du bourlet, ½ calibre	2	9	9	"	"	"	2	6	9	"	"	"	"	11	9	"	"	"
Rayons de l'arc — du collet, 2/3 du Canon	26	8	"	"	"	"	25	4	"	"	"	"	7	6	8	"	"	"
Rayons de l'arc — de l'arrondissement du bourlet. Voyez le tracé de la tulipe, Pl. Canons de fer.																		
Ceinture de la couronne	"	4	3	"	"	"	"	3	10	"	"	"	"	1	5	"	"	"
Largeur de la gorge de la bouche & rayon de son arc	1	"	8	"	"	"	"	11	6	"	"	"	"	4	5	"	"	"
Largeur des embases, dont la tranche est dirigée selon la ligne arrasant l'angle antérieur de la plate de culasse	1	6	"	"	"	"	1	6	"	"	"	"	"	6	"	"	"	"
Rayon des arcs du cul-de-lampe — les 2/3 de la corde totale des deux arcs.																		
Rayon du collet du bouton, le diamètre du bouton	5	7	4	"	"	"	5	1	10	"	"	"	1	10	6	"	"	"

TABLE DES DIMENSIONS DE L'OBUSIER POUR LA MARINE. 1786.

Désignation	DIMENSIONS			
	Pieds.	Pouces.	Lignes.	Points.
A B Longueur de l'ame jusqu'à la naissance de la chambre	1	7	″	″
B C Profondeur de la chambre	″	4	10	6
Diamètres intérieurs — D D à la bouche ou calibre de l'obusier	″	6	5	6
a b profondeur du premier arc	″	″	3	10¼
d d au centre de la bombe, à 15 pouces 9 lignes 10 points de la bouche	″	6	4	4
e e à l'entrée de la chambre	″	4	″	″
f f au fond d'icelui	″	3	″	″
Rayons — a g de l'arc d g	″	3	2	2
k g de l'arrondissement de l'ame	″	4	5	6¼
h i de l'arc e i	″	″	10	5
Épaisseur — I I à la volée	″	2	″	″
C m à la culasse	″	3	″	″
m n au cul-de-lampe	″	2	″	″
Diamètres extérieurs — o o à la bouche & au commencement de la gorge de la plate-bande de culasse	″	10	5	6
p p à la plate-bande de volée	″	11	5	6
L'extérieur de l'obusier, entre les deux plates-bandes, est cylindrique.				
q q à la plate-bande de culasse	″	11	11	6
R du collet du bouton contre le cul-de-lampe	″	3	6	″
f f au collet du bouton	″	3	″	″
n E Longueur du bouton, percé pour une vis de 18 lignes	″	4	9	″
R Épaisseur du métal autour du trou de la vis	″	1	3	″
S Diamètre du trou de la vis	″	1	6	″
F Anneau pour la brague				
t Diamètre intérieur de l'anneau	″	2	″	″
V Largeur du métal autour du trou se réunissant au bouton par un arc concave	″	1	2	″
X Épaisseur d'idem	″	″	9	″
G Support — Z Z Largeur	″	7	6	″
Distance — H H depuis le derrière de la plate-bande de culasse, jusqu'au trou du bouton	″	11	7	″
H I du centre du trou jusqu'à la fin de l'adoucissement	″	4	9	″
Diamètre du trou	″	2	9	″
Le trou doit affleurer le dessous de l'obusier.				
Épaisseur du métal autour du trou	″	1	″	″
Le derrière de cette épaisseur est prolongé, en ligne droite perpendiculaire au-dessous de l'obusier. Sa partie antérieure se réunit à l'obusier par un arc de cercle, de 3 pouces 8 lignes de rayon, & commence à la prolongation G, du diamètre [...] trou.				
Distance de l'angle antérieur de la plate-bande de culasse au centre de la lumière	″	2	6	6
Elle est dirigée au quart de la hauteur de la chambre, mesure prise du [...]				
POIDS DE L'OBUSIER, environ	**700 Livres.**			

NOMS DES MOULURES.

Noms des moulures	LARGEUR			SAILLIE		
	Pouces.	Lignes.	Points.	Pouces.	Lignes.	Points.
Plates-bandes — p p de volée	1	3	″	″	9	″
q q de culasse	1	3	″	″	6	″
Listels d'idem	″	3	″	″	3	″
Base de la gorge des plates-bandes — o o de côté [...] derrière	″	6	″	″	″	″
y y de la [...] du côté de la bouche	″	4	″	″	″	″

Canons

de Siége.

Plan et Coupes d'un canon de 24. de Bronze 1786.
Coupe devant les Tourillons.
Échelle de 24. lignes pour Pied.

Plan et Coupes du Canon de 18. de Bronze 1786.
Coupe devant les Tourillons.
Echelle de lignes pour Pied.

Canons
de Campagne.

TABLE DES DIMENSIONS DES CANONS DE 12, DE 8 ET DE 4.

CANONS.	ÉPAISSEUR DU MÉTAL en 24.ᵉ du diamètre DU BOULET.	DIMENSIONS DES PIÈCES — de 12				de 8				de 4			
		Pied	Pou.	Lig.	Poi.	Pied	Pou.	Lig.	Poi.	Pied	Pou.	Lig.	Poi.
Calibre des Canons			4	5	9		3	11			3	1	4
Diamètre des boulets			4	4	9		3	10			3		4
A B Longueur des Canons, depuis l'extrémité de la plate-bande de culasse jusqu'à la tranche de la bouche		6	6			5	8			4	6		
A E Longueur depuis l'extrémité de la plate-bande de culasse jusqu'au-devant des tourillons		2	10	10		2	6	4		2		2	
Longueur depuis l'extrémité de la plate-bande de culasse jusqu'au-devant des anses		2	11	1		2	6	9	4	2		9	2
C D Longueur de l'âme des Canons, les angles du fond remplis d'une portion de cercle qui occupe ... du calibre, ... que sur le fond de l'âme	de la longueur	6	1	11	8	5	4	5	13	4	3	2	9
e e Longueur du bouton, le cul-de-lampe compris, un diamètre & demi du boulet, ou			6	7	1		5	9			4	6	6
A a Longueur du premier renfort ... & ... de ... de la longueur du Canon		2	2			1	10	8		1	6		
a b Longueur du second renfort		1	1	8	11		11	11	13		9	6	2
b c Longueur de la volée jusqu'au milieu de l'astragale		2	5	5	7	2	1	8	2	1	8	5	2
c B Longueur de la tulipe depuis le milieu de l'astragale jusqu'à la tranche de la bouche			8	9	6		7	8			6		7
f f Diamètre du bouton			4	4	9		3	10			3		4
g g Diamètre du collet du bouton			2	11	2		2	6	8		2		2
Diamètre de la plate-bande de culasse													
Diamètre du filet du cul-de-lampe													
c c Épaisseur du métal à la culasse			4	4			3	6	2		2	9	3
h h Épaisseur du métal à la lumière, & diamètre extérieur			3	6	4		3		11		2	5	1
I I Épaisseur du métal contre la plate-bande du premier renfort, & diamètre extérieur au même endroit			3	3	3		2	10	3		2	3	
K K Épaisseur du métal au commencement du second renfort, & diamètre contre la doucine			3		3		2	7	7		2		11
l l Épaisseur du métal contre la plate-bande du second renfort, & diamètre, &c.			2	8	3		2	4	1		1	10	2
m m Épaisseur du métal à la naissance de la volée, & diamètre, &c. contre la doucine			2	3	2		1	11	9		1	6	9
n n Épaisseur du métal à la fin de la volée, contre le filet de l'astragale, & diamètre, &c.			1	6	10		1	4	5		1		11
o o Épaisseur du métal au plus grand renflement du bourlet, & diamètre, &c.			2	8	3		2	4	1		1	10	2
p p Épaisseur du métal à la tranche de la bouche, & diamètre extérieur			1	6	10		1	4	5		1		11
Rayon de l'arc qui lie le bouton à son collet			1	8			1	7			1	7	
Q Q Distance entre les embases, mesure prise devant les tourillons													
r r Diamètre des Canons, mesure prise sur les embases derrière les tourillons													
s s Diamètre & longueur des tourillons, mesure prise à leur partie supérieure, l'axe des tourillons placé à ... de calibre au-dessous de l'axe du Canon			4	4	9		3	10			3		4
Distance de l'extrémité de la plate-bande de culasse au centre de la lumière			3	3			2	9			2	2	
Distance du fond de l'âme au centre de la lumière				3	6			3	3			3	
V V Distance depuis la tranche de la bouche jusqu'au-devant du guidon qui ne doit pas surmonter le bourlet. (Voyez le dessin pour la forme)			4	5	9		3	11			3	1	4
POIDS MOYEN DU CANON		1808℔				1186℔				590℔			
POIDS MOYEN DES MASSELOTTES		1235.				950.				550.			

DIAMÈTRES EXTÉRIEURS

CANONS.	de 12				de 8				de 4			
	Pied	Pou.	Lig.	Poi.	Pied	Pou.	Lig.	Poi.	Pied	Pou.	Lig.	Poi.
Diamètre de la plate-bande de culasse			5	6		10	10	6		8	7	4
Diamètre du filet du cul-de-lampe		4	5	9		3	11			3	1	4
h h Épaisseur du métal à la lumière, & diamètre extérieur		12	6	5		10		10		7	11	7
I I (& diamètre extérieur au même endroit)		11		4		9	7	6		7	7	5
K K (& diamètre contre la doucine)		10	6	3		9	2	3		7	3	3
l l (& diamètre, &c.)		9	10	3		8	7	3		6	9	8
m m (& diamètre, &c. contre la doucine)		9		2		7	10	5		6	2	10
n n (& diamètre, &c.)		7	7	5		6	7	10		5	3	2
o o (& diamètre, &c.)		9	10	3		8	7	3		6	9	8
p p (& diamètre extérieur)		7	7	5		6	7	10		5	3	2
Q Q Distance entre les embases, mesure prise devant les tourillons		11	2	3		9	9			7	8	6
r r Diamètre des Canons, mesure prise sur les embases derrière les tourillons		11	5	6		9	11			7	11	

TABLE DES DIMENSIONS DES MOULURES DES CANONS DE 12, DE 8 ET DE 4.

NOMS DES MOULURES ET PLATE-BANDES	LARGEUR (par 24.e partie du calibre)	SAILLIE (par 24.e partie du calibre)	DE 12 · LARGEUR · Pouce	Ligne	Points	DE 12 · SAILLIE · Pouce	Ligne	Points	DE 8 · LARGEUR · Pouce	Ligne	Points	DE 8 · SAILLIE · Pouce	Ligne	Points	DE 4 · LARGEUR · Pouce	Ligne	Points	DE 4 · SAILLIE · Pouce	Ligne	Points
1. Plinte ou plate-bande de la culasse	1/12	1/24		5	11		5	7	1	3	8		4	10	1		5		5	11
2. Tore de la culasse	1/12	1/24		6	8		5	7		5	10		4	10		4	7		3	10
3. Listel inférieur de la gorge	1/24	1/48		3	2		2	2	1	3	11		1	11		1	6		1	6
4. Gorge de la culasse	1/24	Voyez la pièce	1	2	2					1	11					1	6			
5. Plate-bande ou ceinture du premier renfort	1/24	1/48		11	3		1	1		9	9			11		7	9			9
6. Doucine du second renfort — Au plus saillant	4/24			8	11				3	7	10			11		6	2			6
6. Doucine du second renfort — Au moyen							2	3					1	11						
6. Doucine du second renfort — Au plus bas							1	1						11						9
7. Plate-bande du second renfort	1/24	1/48		8	11		1	1		7	10			11		6	2			9
8. Doucine de la volée — Au plus saillant	4/24			8	11					7	10			11		6	2			9
8. Doucine de la volée — Au moyen							3						2	3					2	
8. Doucine de la volée — Au plus bas							1	1						11						9
9. Listel inférieur de l'astragale du collet	1/24	1/48		2	3		1	1		1	11			11		1	6			9
10. Astragale du collet				8	11		4	5		7	10		3	11		6	2		3	1
11. Listel supérieur dudit astragale	1/24	1/48		2	2		1	1		1	11			11		1	6			9
12. Collet & bourlet en tulipe, dont la courbe est décrite avec un rayon d'un 7.e 1/2 du Canon	Voyez la pièce	Voyez la pièce	7	6			1	2	6	6			1		5				9	
13. Ceinture de la couronne	1/24	1/24		2	2		6	8		1	11		5	10		1	6		4	7
14. Gorge de la bouche décrite avec un rayon égal à la saillie de la ceinture	3/24	Vif de la bouche		6	8	Vif de la bouche				5	10	Vif de la bouche				4	7	Vif de la bouche		
15. Épaisseur du cul-de-lampe au milieu			1	1	2					11	6					9				
16. Largeur du listel du cul-de-lampe				2	2					1	11					1	6			
Diamètre des lumières				2	6					2	6					2	6			
17. Écartement intérieur des anses par-devant. (Voyez la figure pour leur inclinaison latérale)			3	9					3	3					2	7	6			
18. Écartement intérieur d'idem par-derrière			3	9					3	3					2	7	6			
Longueur des anses			7	11					7	1	6				5	11				
Hauteur des anses			4						3	7										
Équarrissage des anses, à pans dans leur partie supérieure & arrondies en-dessous			1	6					1	3	6									
IX. Largeur des embases			1	8					1	5										
Les embases coupées parallèlement au renfort.																				

TABLE DES DIMENSIONS DES MASSES DE LUMIÈRE
DU CANON DE 24.

		Pouc.	Lignes	Poi[nts]
A B	Longueur totale des masses de lumière, le teton compris	8	3	"
A C	Longueur du premier renfort des masses	2	6	"
C D	Largeur de la première gorge concave	"	6	"
D E	Largeur du second renfort	1	1	6
E F	Largeur de la seconde gorge concave	"	6	"
F G	Largeur du troisième renfort	1	1	6
G II	Largeur de la troisième gorge concave	"	6	"
H R	Distance de la dernière gorge à la naissance du teton	"	2	6
R B	Longueur du teton	1	9	6
O P	Diamètre de la partie supérieure du premier renfort	2	8	"
R Q	Diamètre à la naissance du teton	3	4	8
B L	Rayon de l'arc qui termine le teton	"	6	6
M N	Rayon de l'arc qui rejoint l'extrémité du teton à la masse	1	3	10
T S	Profondeur des gorges concaves	"	3	"
X Y	Diamètre de la partie cylindrique, qui se loge dans l'épaisseur du moule	2	2	6

La longueur de la partie ci-dessus est relative à l'épaisseur du moule.

TABLE DES DIMENSIONS DES GRAINS DE LUMIÈRE
DES CANONS DE 12, DE 8 ET DE 4.

		DE 12.			DE 8.			DE 4.		
		Pouc.	Lignes	Points.	Pouc.	Lignes	Points.	Pouc.	Lignes	Poi[nts]
A B	Longueur totale des grains de lumière, le teton compris	4	9	"	4	2	"	3	6	"
B C	Longueur du teton	1	4	"	1	3	"	1	2	"
D E	Diamètre du grain	2	"	"	1	10	"	1	4	"
F G	Grand diamètre du teton	1	2	"	1	1	"	1	"	"
H I	Petit diamètre d'idem	"	9	"	"	9	"	"	7	6
K	Largeur du pas de vis	"	3	"	"	3	"	"	3	"
	Profondeur d'idem	"	2	"	"	2	"	"	2	"
E L	Hauteur de la tête du grain	1	6	"	1	6	"	1	6	"
L M	Équarrissage d'idem	2	"	"	1	10	"	1	4	"

Le grain de lumière du Canon de bataille de 12, sert au Canon de 24, quand sa lumière est évasée.

TABLE DES DIMENSIONS DE L'OBUSIER de 8 pouces 3 lignes,

DONT LA CHAMBRE CONTIENT DEUX LIVRES DE POUDRE.

DIMENSIONS GÉNÉRALES, par pieds, pouces, lignes & points.	DIMENSIONS de L'OBUSIER.				DIAMÈTRES EXTÉRIEURS.			
	Pieds.	Pouc.	Lignes	Points.	Pieds.	Pouc.	Lignes	Points.
Diamètre de l'ame	″	8	3	″	″	″	″	″
h h Diamètre de la chambre	″	3	″	″	″	″	″	″
A d Longueur totale de l'Obusier, depuis la plate-bande de culasse jusqu'à la tranche de la bouche	2	10	9	″	″	″	″	″
A B Longueur de l'ame, la demi-sphère comprise	2	″	9	″	″	″	″	″
B C Longueur de la chambre, les angles du fond remplis d'une portion de cercle qui occupe ⅛.ᵉ de son diamètre, tant sur la hauteur que sur le fond de ladite chambre	″	7	″	″	″	″	″	″
P n Longueur de la volée	1	1	3	″	″	″	″	″
n o Longueur du renfort	″	11	6	″	″	″	″	″
c d Épaisseur du métal à la culasse	″	3	″	″	″	″	″	″
K K Épaisseur du métal autour de la chambre, & diamètre extérieur	″	3	4	″	″	9	8	″
l l Épaisseur du métal au renfort, & diamètre, &c.	″	2	6	″	1	1	3	″
m m Épaisseur du métal à la volée, & diamètre, &c.	″	1	9	″	″	11	9	″
d D Épaisseur du cul-de-lampe au plus fort	″	2	1	″	″	″	″	″
Diamètre du lislet du cul-de-lampe	″	3	7	6	″	″	″	″
e D Longueur du bouton, le lislet compris	″	4	10	″	″	″	″	″
f f Diamètre du collet du bouton	″	2	6	″	″	″	″	″
g g Grand diamètre du bouton	″	3	6	″	″	″	″	″
q q Longueur des tourillons, non compris l'embase	″	4	″	″	″	″	″	″
S S Diamètre des tourillons	″	4	4	9	″	″	″	″
Distance de l'axe des tourillons à celui de l'Obusier, mesure prise en-dessus	″	″	6	″	″	″	″	″
Distance depuis le derrière des tourillons jusqu'à la tranche de la bouche	1	7	9	″	″	″	″	″
r X Largeur des embases	″	1	″	″	″	″	″	″
b b Distance d'une embase à l'autre	″	″	″	″	1	1	9	″
Distance depuis l'extrémité de la plate-bande de culasse jusqu'au centre de la lumière	″	3	″	″	″	″	″	″
Distance depuis le fond de la chambre jusqu'au centre de la lumière	″	″	4	″	″	″	″	″
Diamètre de la lumière	″	″	2	6	″	″	″	″
Écartement intérieur des anses par-devant	″	3	9	″	″	″	″	″
Écartem.ᵗ intérieur des anses par-derrière. (Voyez la figure pour leur inclinaison latérale.)	″	3	11	″	″	″	″	″
Hauteur des anses, prise extérieurement	″	3	7	″	″	″	″	″
Longueur des anses, prise extérieurement	″	7	″	″	″	″	″	″
Équarrissage des anses, à pans dans la partie sup.ʳᵉ & arrondies en-dessous	″	1	3	6	″	″	″	″
Distance du devant des anses à la tranche de la bouche	1	3	4	3	″	″	″	″
Diamètre de la partie circulaire de la coquille, à la lumière	″	1	3	″	″	″	″	″
Diamètre de la partie circulaire à l'extrémité de la coquille	″	″	9	″	″	″	″	″
Largeur intérieure de la coquille, prise au milieu de sa longueur	″	″	4	″	″	″	″	″
Largeur du contour de la coquille	″	″	5	″	″	″	″	″
Longueur de la coquille, prise intérieurement	″	3	6	″	″	″	″	″
Profondeur de la coquille	″	″	1	″	″	″	″	″
Profondeur du cran de mire fait sur la plate-bande de culasse & de la volée. (Voyez la figure pour sa forme)	″	″	1	″	″	″	″	″
POIDS DE L'OBUSIER	1096 ℔							
POIDS DE SA MASSELOTTE	1244.							

Suite de la TABLE DES DIMENSIONS DE L'OBUSIER
DE 8 POUCES 3 LIGNES.

NOMS DES MOULURES.	DIMENSIONS des MOULURES.					
	LARGEUR.			SAILLIE.		
	Pouc.	Lignes	Points.	Pouc.	Lignes	Points.
1. Plinte ou plate-bande de culasse	1	4	"	2	"	6
2. Tore de la culasse	"	6	"	2	"	6
3. Listel de la culasse	"	3	"	1	9	6
4. Gorge de la culasse	1	9	6	1	9	6
5. Listel du tour de la chambre	"	3	"	"	2	"
6. Doucine du tour de la chambre	1	6	"	1	5	6
7. Listel inférieur du renfort	"	3	"	"	2	"
8. Listel supérieur du renfort	"	3	"	"	1	6
9. Doucine du renfort à la volée	1	"	"	"	6	"
10. Listel de la volée	"	3	"	"	1	6
11. Gorge de la volée	"	9	"	"	9	"
12. Listel inférieur à la plate-bande de la volée	"	3	"	"	9	"
13. Plate-bande de la volée	1	3	"	1	"	"
14. Listel supérieur à la plate-bande de la volée	"	3	"	"	9	"
15. Gorge de la bouche à la volée	"	4	"	Vif de la bouche.		
16. Largeur du listel du cul-de-lampe	"	3	"	"	"	"

TABLE DES DIMENSIONS DE L'OBUSIER de 6 pouces 1 ligne & demie, DONT LA CHAMBRE CONTIENT DEUX LIVRES DE POUDRE.

DIMENSIONS GÉNÉRALES, par pieds, pouces, lignes & points.	DIMENSIONS de L'OBUSIER.				DIAMÈTRES EXTÉRIEURS.			
	Pieds.	Pouc.	Lignes	Points.	Pieds.	Pouc.	Lignes	Points.
Diamètre de l'ame.	ʺ	6	1	6	ʺ	ʺ	ʺ	ʺ
d d Diamètre de la chambre.	ʺ	3	ʺ	ʺ	ʺ	ʺ	ʺ	ʺ
A E Longueur totale de l'Obusier, depuis la plate-bande de culasse jusqu'à la tranche de la bouche.	2	4	4	6	ʺ	ʺ	ʺ	ʺ
A B Longueur de l'ame, la demi-sphère comprise.	1	6	4	6	ʺ	ʺ	ʺ	ʺ
B C Longueur de la chambre, les angles du fond remplis d'une portion de cercle qui occupe ⅓.ᵉ de son diamètre, tant sur la hauteur que sur le fond de ladite chambre.	ʺ	7	ʺ	ʺ	ʺ	ʺ	ʺ	ʺ
I K Longueur de la volée.	ʺ	9	2	3	ʺ	ʺ	ʺ	ʺ
K I Longueur du renfort.	ʺ	9	2	3	ʺ	ʺ	ʺ	ʺ
C E Épaisseur du métal à la culasse.	ʺ	3	ʺ	ʺ	ʺ	ʺ	ʺ	ʺ
f f Épaisseur du métal autour de la chambre, & diamètre extérieur.	ʺ	3	3	ʺ	ʺ	9	6	ʺ
g g Épaisseur du métal au renfort, & diamètre, &c.	ʺ	2	3	ʺ	ʺ	10	7	6
h h Épaisseur du métal à la volée, & diamètre, &c.	ʺ	1	9	ʺ	ʺ	9	7	6
E G Épaisseur du cul-de-lampe au plus fort.	ʺ	1	5	6	ʺ	ʺ	ʺ	ʺ
Diamètre du listel du cul-de-lampe.	ʺ	3	ʺ	ʺ	ʺ	ʺ	ʺ	ʺ
G F Longueur du bouton, le listel compris.	ʺ	3	4	ʺ	ʺ	ʺ	ʺ	ʺ
o o Diamètre du collet du bouton.	ʺ	2	ʺ	ʺ	ʺ	ʺ	ʺ	ʺ
P P Grand diamètre du bouton.	ʺ	2	9	ʺ	ʺ	ʺ	ʺ	ʺ
m m Longueur des tourillons, non compris les embases.	ʺ	3	9	ʺ	ʺ	ʺ	ʺ	ʺ
n n Diamètre des tourillons.	ʺ	3	9	ʺ	ʺ	ʺ	ʺ	ʺ
Distance de l'axe des tourillons à celui de l'Obusier, mesure prise en-dessous.	ʺ	ʺ	6	ʺ	ʺ	ʺ	ʺ	ʺ
Distance depuis le derrière des tourillons jusqu'à la tranche de la bouche.	1	2	10	ʺ	ʺ	ʺ	ʺ	ʺ
r X Largeur des embases.	ʺ	1	ʺ	ʺ	ʺ	ʺ	ʺ	ʺ
b b Distance d'une embase à l'autre.	ʺ	11	ʺ	ʺ	ʺ	ʺ	ʺ	ʺ
Distance depuis l'extrémité de la plate-bande de culasse jusqu'au centre de la lumière.	ʺ	2	7	ʺ	ʺ	ʺ	ʺ	ʺ
Distance depuis le fond de la chambre jusqu'au centre de la lumière, mesure prise sur la direction du dessus de la chambre.	ʺ	ʺ	4	ʺ	ʺ	ʺ	ʺ	ʺ
Diamètre de la lumière.	ʺ	ʺ	2	6	ʺ	ʺ	ʺ	ʺ
Écartement intérieur des anses par-devant.	ʺ	3	9	ʺ	ʺ	ʺ	ʺ	ʺ
Écartem.ᵗ intérieur des anses par-derrière. (Voyez la figure pour leur inclinaison latérale).	ʺ	3	ʺ	ʺ	ʺ	ʺ	ʺ	ʺ
Hauteur des anses, prise extérieurement.	ʺ	3	2	ʺ	ʺ	ʺ	ʺ	ʺ
Longueur des anses, prise extérieurement.	ʺ	5	1	ʺ	ʺ	ʺ	ʺ	ʺ
Équarrissage des anses, à pans dans la partie sup.ʳᵉ & arrondies en-dessous.	ʺ	1	ʺ	ʺ	ʺ	ʺ	ʺ	ʺ
Distance du devant des anses à la tranche de la bouche.	1	3	ʺ	ʺ	ʺ	ʺ	ʺ	ʺ
Diamètre de la partie circulaire de la coquille, à la lumière.	ʺ	1	3	ʺ	ʺ	ʺ	ʺ	ʺ
Diamètre de la partie circulaire à l'extrémité de la coquille.	ʺ	ʺ	9	ʺ	ʺ	ʺ	ʺ	ʺ
Largeur intérieure de la coquille, mesure prise au milieu de sa longueur.	ʺ	ʺ	4	ʺ	ʺ	ʺ	ʺ	ʺ
Largeur du contour de la coquille.	ʺ	ʺ	6	ʺ	ʺ	ʺ	ʺ	ʺ
Longueur de la coquille, prise intérieurement.	ʺ	3	6	ʺ	ʺ	ʺ	ʺ	ʺ
Profondeur de la coquille.	ʺ	ʺ	1	ʺ	ʺ	ʺ	ʺ	ʺ
Profondeur du cran de mire fait sur la plate-bande de culasse & de la volée. (Voyez la figure pour sa forme).	ʺ	ʺ	1	ʺ	ʺ	ʺ	ʺ	ʺ
POIDS DE L'OBUSIER.	650 ℔							
POIDS DE SA MASSELOTTE.	600.							

D

Suite de la TABLE DES DIMENSIONS DE L'OBUSIER
DE 6 POUCES 1 LIGNE ET DEMIE.

NOMS DES MOULURES.	DIMENSIONS des MOULURES.					
	LARGEUR.			SAILLIE.		
	Pouc.	Lignes	Points.	Pouc.	Lignes	Points.
1. Plinte ou plate-bande de culasse................	1	3	‖	‖	9	‖
2. Tore de la culasse......................	‖	5	‖	‖	9	‖
3. Listel de la culasse.....................	‖	3	‖	‖	6	‖
4. Gorge de la culasse.....................	‖	6	‖	Vif de l'Obusier.		
5. Gorge inférieure du renfort................	‖	3	‖	‖	3	‖
6. Listel inférieur du renfort................	‖	3	‖	‖	3	‖
7. Tore du renfort à la volée................	‖	5	‖	‖	6	‖
8. Listel du renfort à la volée...............	‖	3	‖	‖	3	‖
9. Gorge inférieure à la volée...............	‖	3	‖	Vif de l'Obusier.		
10. Gorge supérieure à la volée..............	‖	6	‖	‖	6	‖
11. Listel inférieur à la plate-bande de la volée.......	‖	3	‖	‖	6	‖
12. Plate-bande de la volée.................	1	3	‖	‖	9	‖
13. Listel supérieur à la plate-bande de la volée.......	‖	3	‖	‖	6	‖
14. Gorge de la bouche à la volée.............	‖	4	‖	‖	6	‖
15. Largeur du listel du cul-de-lampe............	‖	3	‖	‖	‖	‖

TABLE DES DIMENSIONS DU MORTIER-ÉPROUVETTE
ET DE SON GLOBE;
LA CHAMBRE DE L'ÉPROUVETTE CONTENANT 3 ONCES DE POUDRE.

DIMENSIONS GÉNÉRALES par pieds, pouces, lignes & points.	DIMENSIONS du MORTIER.				DIAMÈTRES EXTÉRIEURS.			
	Pieds.	Pouc.	Lignes	Points.	Pieds.	Pouc.	Lignes	Points
A A Diamètre de l'ame à sa partie cylindrique	"	7	"	9	"	"	"	"
C D Longueur de la partie cylindrique de l'ame	"	5	4	4	"	"	"	"
E F Diamètre de la demi-sphère du fond de l'ame	"	7	"	9	"	"	"	"
C G Longueur depuis la tranche de la bouche jusqu'à l'orifice de la chambre	"	8	10	"	"	"	"	"
G H Longueur de la chambre; le fond en portion de cercle, dont le centre est à son orifice	"	2	5	"	"	"	"	"
K L Diamètre de la chambre	"	1	10	"	"	"	"	"
M N Longueur de la volée, depuis la tranche de la bouche jusqu'à la plate-bande de la demi-sphère	"	5	4	4	"	"	"	"
A M Épaisseur du métal à la tranche de la bouche, & diamètre extérieur	"	1	"	"	"	9	"	9
O P Épaisseur du métal à la volée, & diamètre, &c.	"	1	"	"	"	9	"	9
Q R Épaisseur du métal à la demi-sphère	"	1	3	"	"	9	6	9
T S Épaisseur du métal autour de la chambre	"	2	1	"	"	6	"	"
H I Épaisseur du métal au-dessous de la chambre, mesure prise sur la direction de l'axe du Mortier	"	1	6	"	"	"	"	"
V V Épaisseur de la femelle	"	1	9	"	"	"	"	"
V Y Longueur d'idem... à la surface supérieure	1	2	6	"	"	"	"	"
V Y Longueur d'idem... à la surface inférieure	1	5	"	"	"	"	"	"
V Z Largeur d'idem.... à la surface supérieure	"	8	6	"	"	"	"	"
V Z Largeur d'idem.... à la surface inférieure	"	11	"	"	"	"	"	"
Y I Distance entre l'extrémité de la femelle & l'axe du Mortier	"	5	10	"	"	"	"	"
a a Diamètre des trous percés aux quatre angles de la femelle	"	"	9	"	"	"	"	"
& & Épaisseur de la languette placée entre le Mortier & la femelle	"	2	9	"	"	"	"	"
Diamètre de la lumière, perpendiculaire au côté de la chambre	"	"	1	6	"	"	"	"
Distance du fond de la chambre au centre de la lumière, mesure prise à la partie supérieure de la chambre	"	"	"	9	"	"	"	"
Distance de la tranche de la bouche à l'anse	"	6	"	"	"	"	"	"
Longueur de l'anse, prise extérieurement	"	4	"	"	"	"	"	"
Hauteur d'idem, prise extérieurement au milieu de sa longueur	"	1	10	"	"	"	"	"
Épaisseur de l'anse, à pans dans la partie supérieure, & circulaire dans la partie inférieure	"	"	11	"	"	"	"	"
Longueur du bassinet, prise contre le Mortier	"	3	"	"	"	"	"	"
Largeur d'idem, prise au milieu de sa longueur	"	"	10	"	"	"	"	"
Hauteur d'idem	"	1	6	"	"	"	"	"
b b Diamètre du globe	"	7	"	"	"	"	"	"
C C Diamètre de l'œil du globe	"	"	9	"	"	"	"	"
C I Y Angle que fera l'axe du Mortier avec la surface supérieure de la femelle.		45 degrés.						
POIDS DU MORTIER		244 lb.						
POIDS DU GLOBE, non compris la poignée		60.						

Suite de la TABLE DES DIMENSIONS
DU MORTIER-ÉPROUVETTE.

NOMS DES MOULURES.	DIMENSIONS des MOULURES.					
	LARGEUR.			SAILLIE.		
	Pouc.	Lignes	Points.	Pouc.	Lignes	Points.
1. Gorge du pourtour de la chambre...............	"	3	"	"	3	"
2. Liftel de ladite gorge......................	"	2	"	"	3	"
3. Plate-bande de la partie inférieure de la volée........	"	6	"	"	1	3
4. Gorge inférieure de la volée..................	"	4	"	"	4	"
5. Gorge fupérieure de la volée.................	"	1	6	"	1	6
6. Liftel inférieur du tore de la bouche............	"	2	"	"	1	6
7. Tore de la bouche.......................	"	7	6	"	4	"
8. Liftel fupérieur du tore de la bouche............	"	2	"	Vif de la bouche.		

PLAN ET COUPES DU CANON DE 12 DE CAMPAGNE.

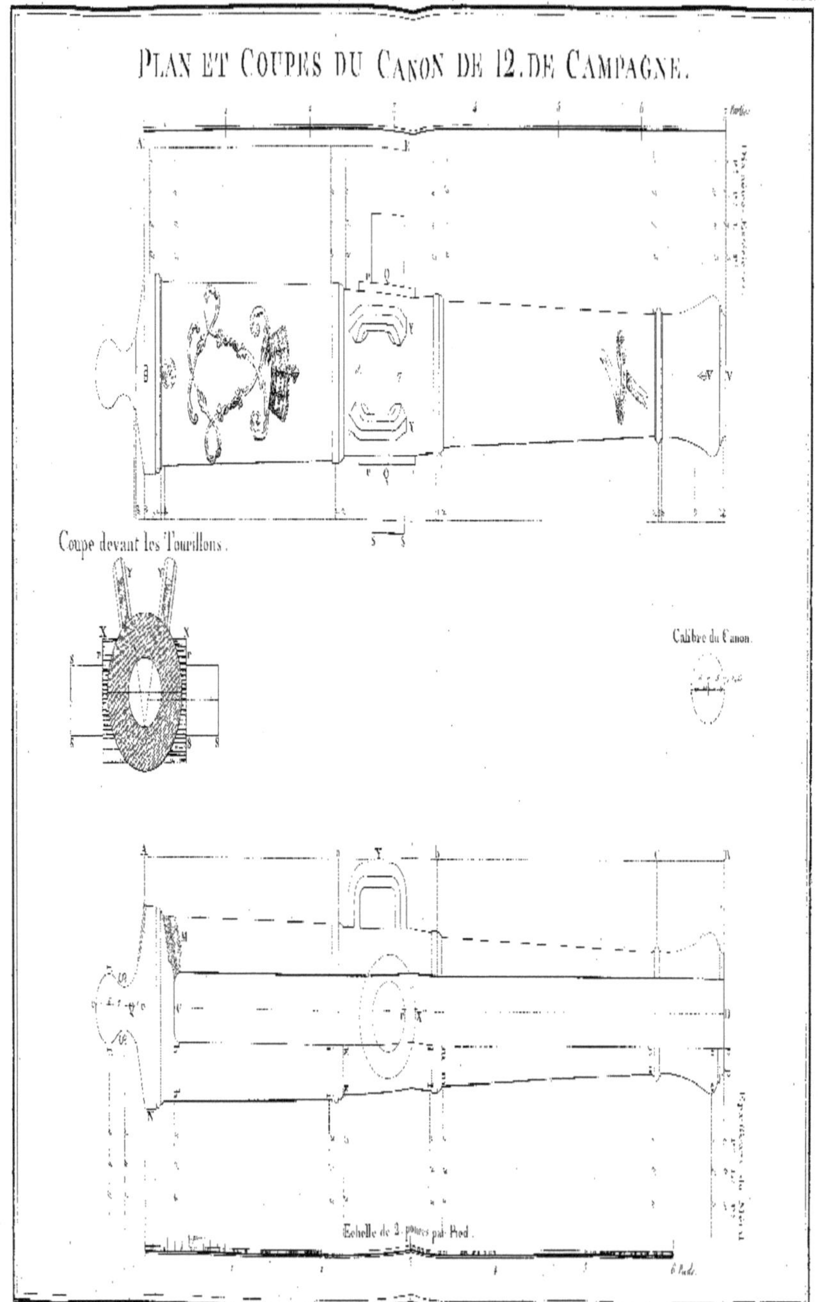

PLAN ET COUPES DU CANON DE 8. DE CAMPAGNE.

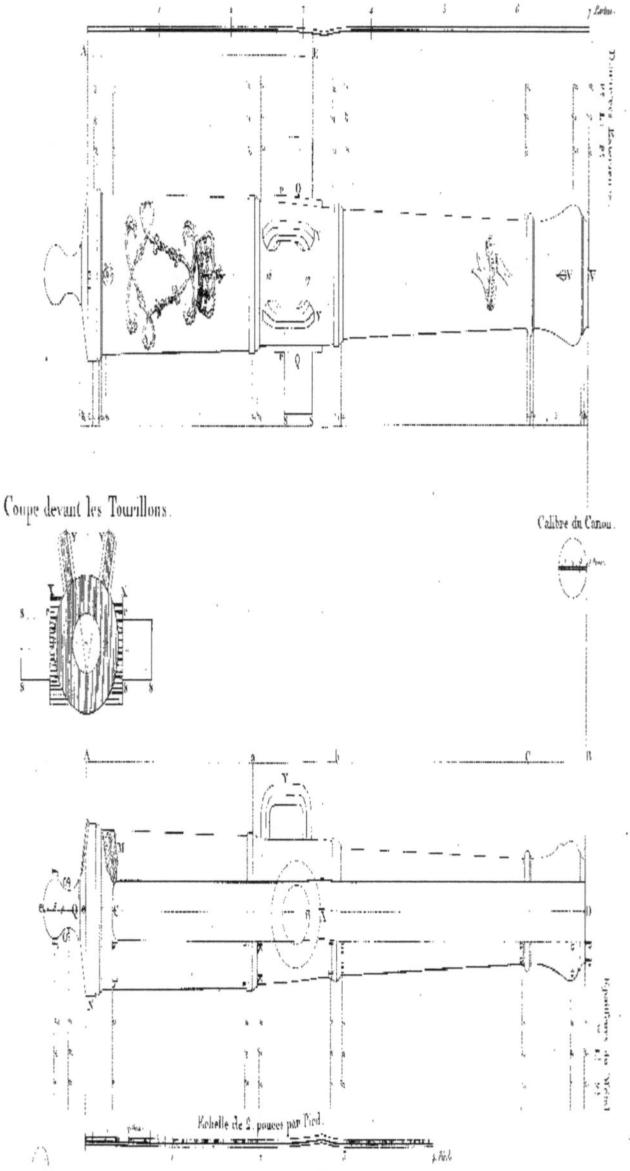

Coupe devant les Tourillons.

Calibre du Canon.

Echelle de 2. pouces par Pied.

PLAN ET COUPES DU CANON DE 4. DE CAMPAGNE.

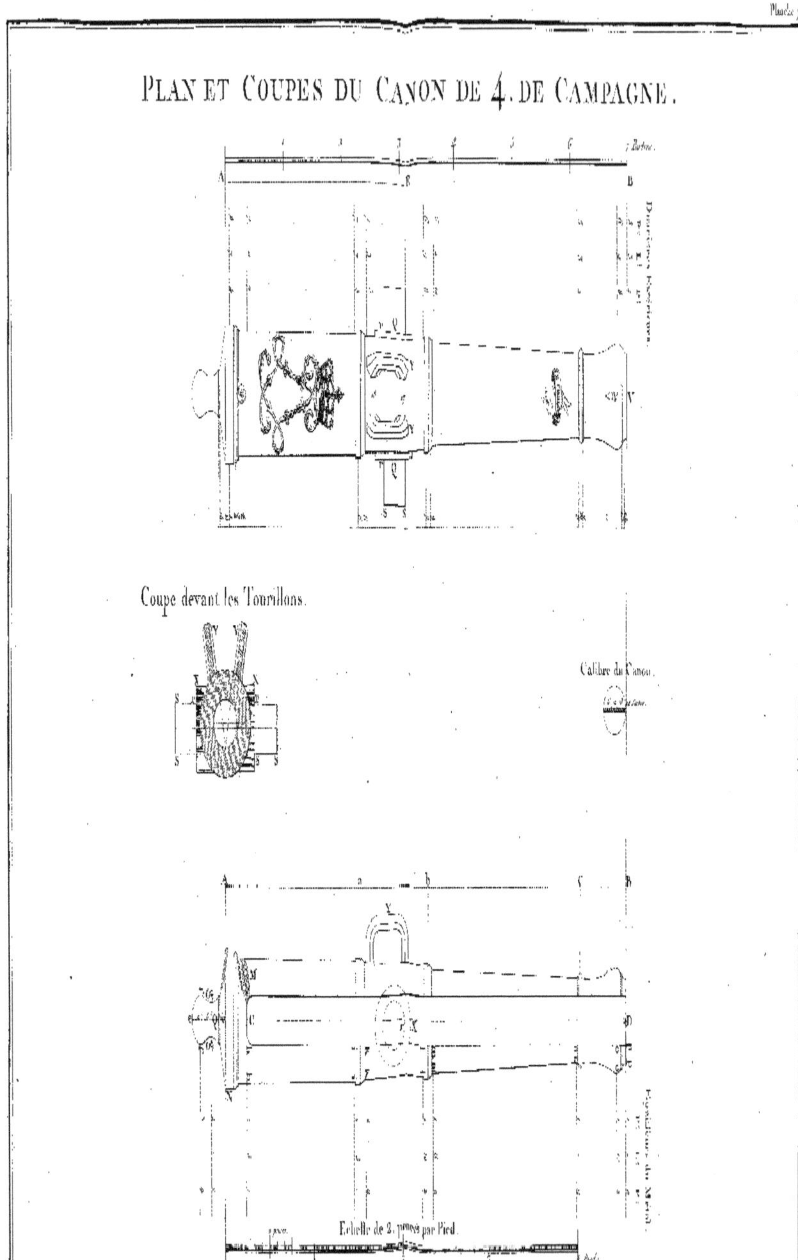

Obuſiers
de Siége
& de Campagne.

PLAN ET COUPES DE L'OBUSIER DE 8. POUCES TROIS LIGNES.

Coupe devant les Tourillons.

Echelle de 3 pouces par Pied.

PLAN ET COUPES DE L'OBUSIER DE 6. POUCES UNE LIGNE ET DEMI.

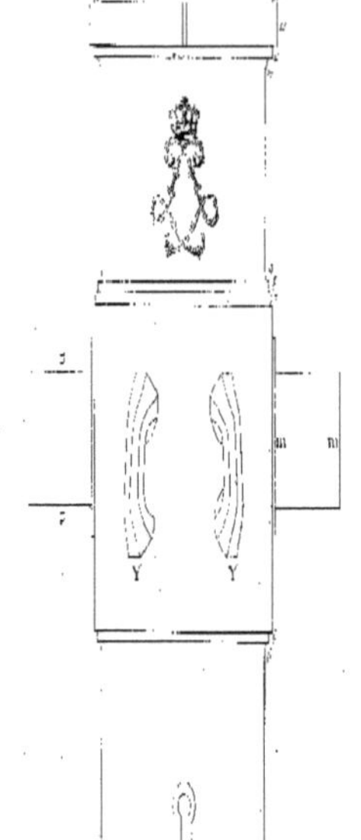

Coupe devant les Tourillons.

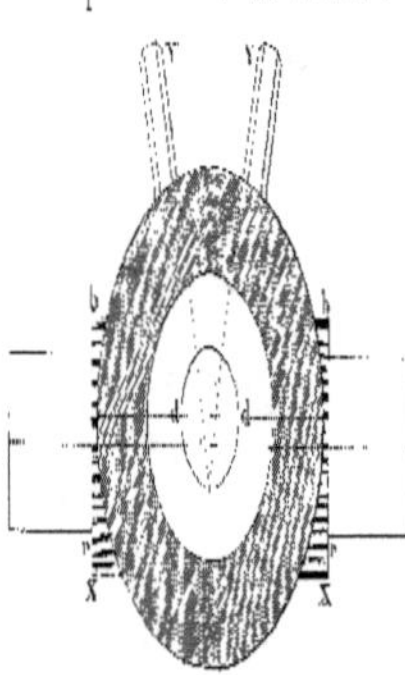

Échelle de 3. pouces par Pied.

Obusier

de Vaisseau

& Perrier.

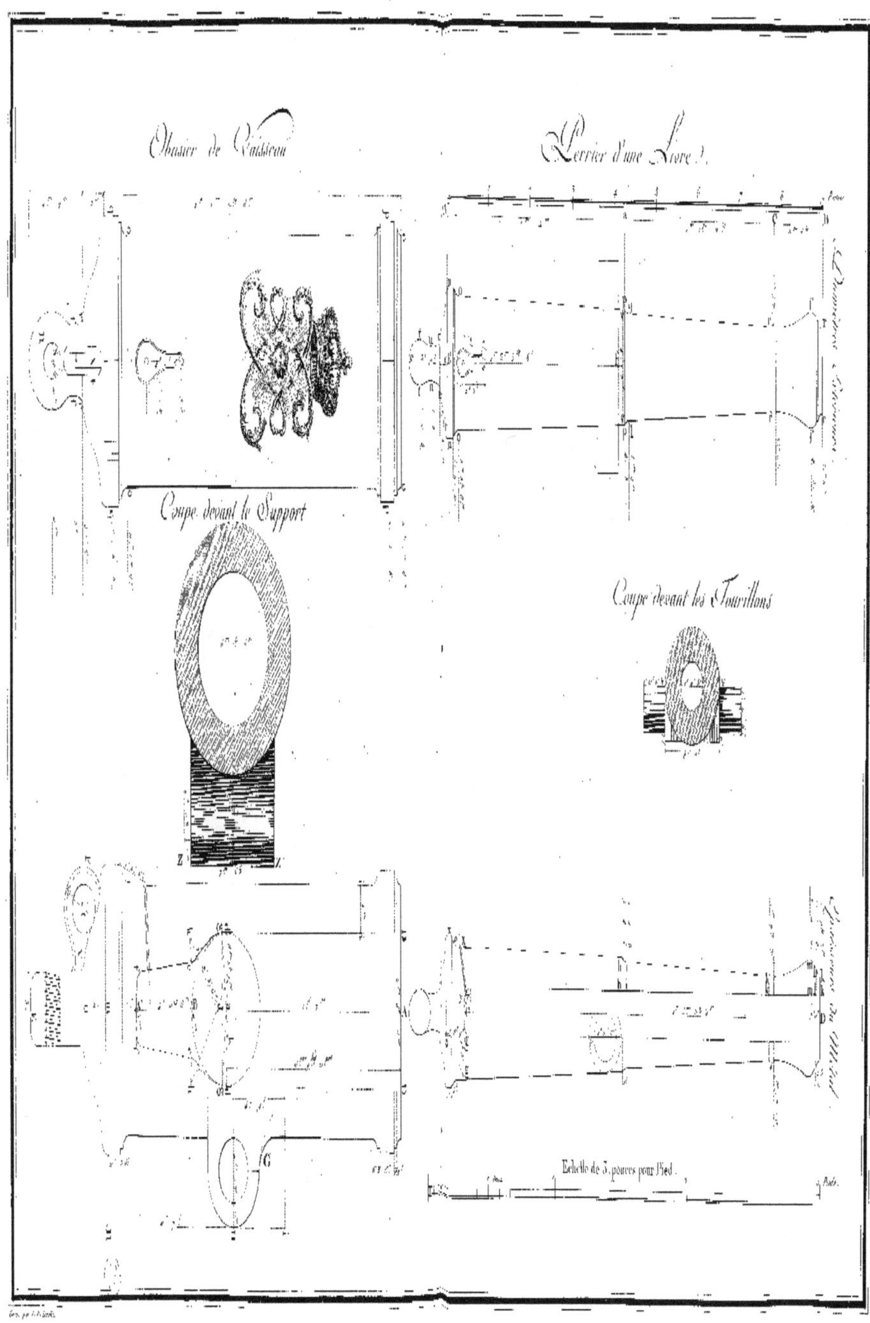

Obusier de Vaisseau
Perrier d'une Livre
Coupe devant le Support
Coupe devant les Tourillons
Echelle de 5. pouces pour Pied

Mortier
à éprouver
la Poudre.

PLAN ET COUPES DU MORTIER À EPROUVER LA POUDRE.

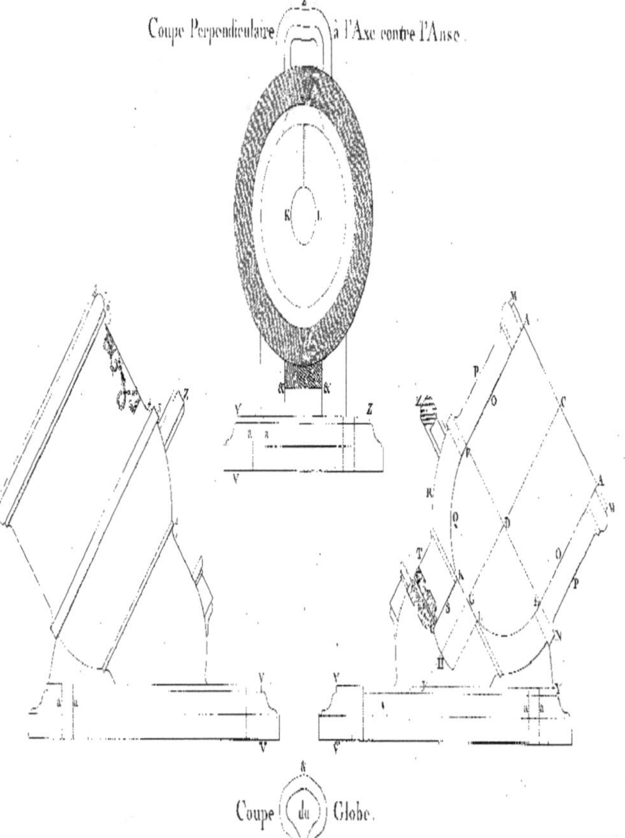

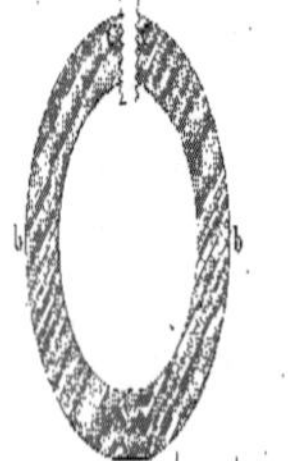

Echelle de 4 pouces par Pied.

Inſtrumens
à calibrer & à vérifier
les
Bouches à feu.

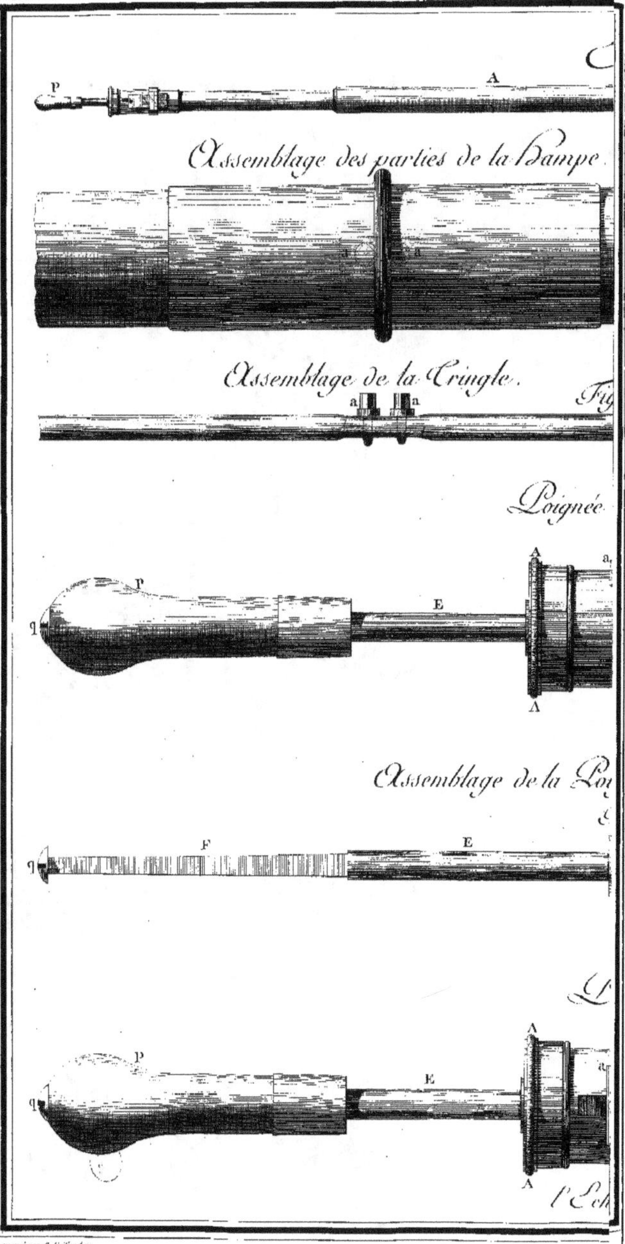

P
A
Assemblage des parties de la Hampe
Assemblage de la Tringle.
Poignée
A
E
q
p
Λ
Assemblage de la Poi
F
E
q
p
A
E
q
Λ

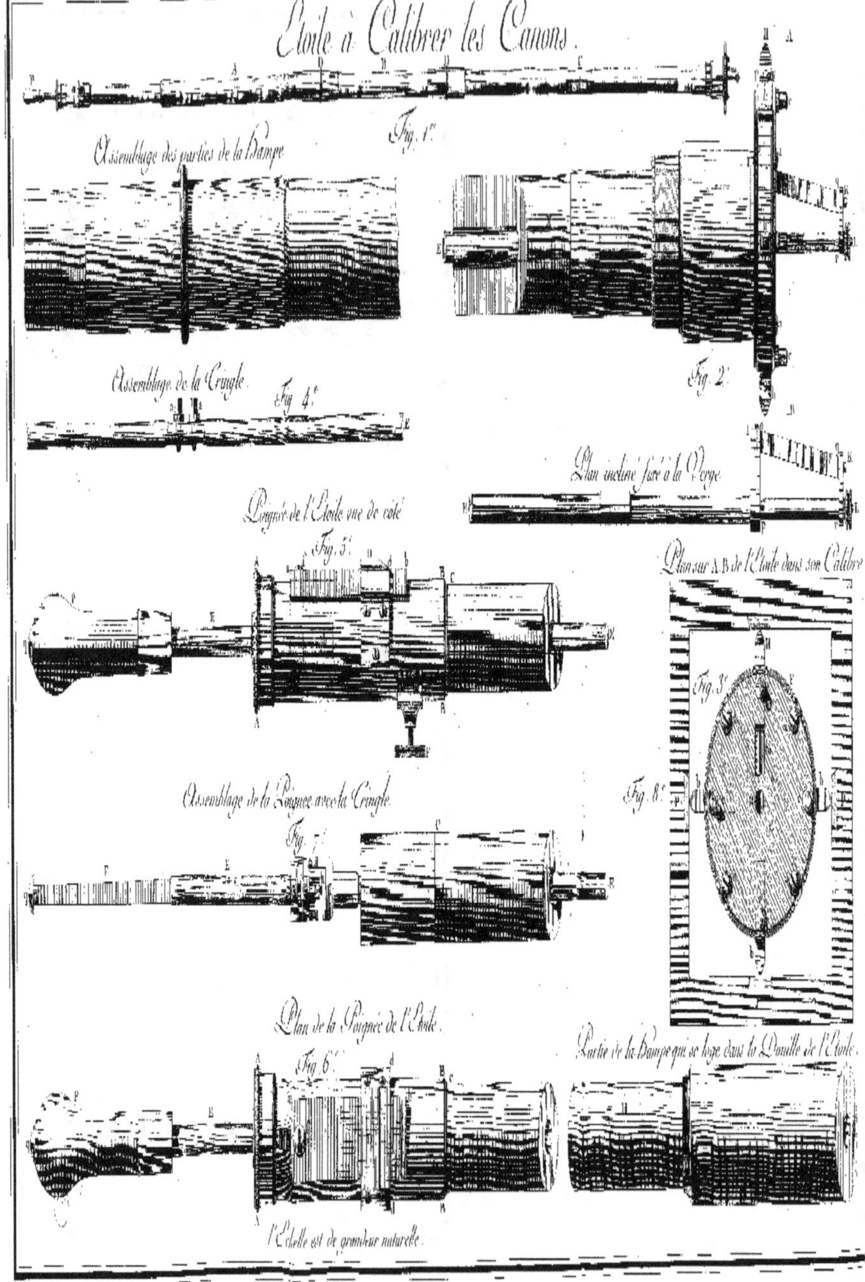
Etoile à Calibrer les Canons.
Fig. 1.re
Assemblage des parties de la Hampe.
Fig. 2.
Assemblage de la Tringle.
Fig. 4.e
Plan incliné fixé à la Verge.
Poignée de l'Etoile vue de côté.
Fig. 5.
Plan sur A.B de l'Etoile dans son Calibre.
Fig. 3.
Assemblage de la Poignée avec la Tringle.
Fig.
Fig. 8.e
Plan de la Poignée de l'Etoile.
Fig. 6.e
Partie de la Hampe qui se loge dans la Douille de l'Etoile.
l'Echelle est de grandeur naturelle.

LÉGENDE DE L'ÉTOILE
À CALIBRER LES CANONS.

Figure 1.ᵉ . . . . . . { CETTE Étoile fert pour tous les canons, en changeant fes pointes.
A B C Parties de la hampe de l'étoile qui s'affemblent en D par les viroles à vis. La partie B eft inutile pour les petits calibres.

Figures 2.ᵉ & 3.ᵉ . { E F Plaques affemblées par les vis a, & entre lefquelles les pointes b & H font logées.
b Les trois pointes fixes tenues par la vis de preffion à tête carrée c.
H Pointe mobile que le plan incliné I K *Figure 2.ᵉ* fait avancer.
I K Plan incliné mis en mouvement par la tringle E. à laquelle il eft fixé.

Figure 3.ᵉ . . . . { m Paffage du plan incliné I K }
n Paffage de la tringle E. . . . } Au travers des plaques.

Figures 2.ᵉ & 3.ᵉ . . { La différence de o p à q r eft de 4 lignes; c'eft la faillie que prend la pointe H lorfque le grand côté o p du plan incliné eft dans l'alignement du deffus de la pointe H.
La partie de la tringle p r étant de 24 lignes, & la différence de o p à q r de 4 lignes ou 48 points, la pointe H fort de 2 points quand on fait avancer la tringle d'une ligne.

Figure 2.ᵉ . . . . E L Tringle fervant à faire avancer le plan.

Figure 4.ᵉ . . . . a a Affemblage des parties de la tringle vis-à-vis des réunions D de la hampe *Figure 1.ᵉ*

Figures 5.ᵉ & 6.ᵉ . . { A B Poignée de l'étoile compofée de la douille A B dont la calotte A A eft emboîtée & attachée fur la douille avec des vis.

a b Plaque fur laquelle eft tracée une échelle géométrique, compofée de trois principales divifions de demi-pouce, partagées chacune en douze parties exprimant des lignes.

f Vis fixant la plaque à la tringle & fe logeant dans le trou f *Figure 7.*

D Bride pour contenir la plaque, & fous laquelle elle coule quand on fait avancer la tringle.

d d Bord de la bride formé en bifeau, & marquant fur l'échelle le chemin de la plaque, & par conféquent du plan incliné o q *Figure 2.ᵉ*, auquel elle correfpond par le moyen de la vis f qui tient la plaque à la tringle.

La douille A B tourne librement fur la virole de cuivre C dont le haut de la hampe eft garni.

F Vis de preffion fervant à arrêter la douille, & à la contenir en-deffus, afin que l'on puiffe voir fur l'échelle le chemin de la pointe mobile H *Figure 3.ᵉ* fans être obligé de faire tourner l'étoile dans le canon.

Les principales divifions de l'échelle étant de 6 lignes, chacune de fes douze parties correfpond à un $\frac{1}{12}$ de ligne de chemin de la pointe, de forte que fi elle avance de 6 points, le bord de la bride D les marque fur l'échelle.

Figures 5.ᵉ & 7.ᵉ . . Affemblage de la tringle dans l'intérieur de la douille.

Figure 7.ᵉ . . . . { h Écrou fervant à contenir le bout de la hampe dans l'anneau de cuivre à douille K.
F Partie équarrie de la tringle qui fe loge dans le manche P *Figures 5.ᵉ & 6.ᵉ*

 {

P Manche de la tringle.

q Vis fervant à contenir le manche.

 {

Cadre de fer fervant à vérifier le diamètre de l'étoile, & à mettre la pointe mobile H au calibre.

On fe fert de ce cadre toutes les fois qu'on veut calibrer un canon; on obferve, quand les 4 points de l'étoile touchent au cadre, de détourner la vis de preffion F *Figure 5*, pour ramener la plaque a b en-deffus, & de la refferrer après avoir fait convenir le bord de la bride D avec le zéro de l'échelle, afin de pouvoir toujours partir de ce point pour juger du chemin de la pointe.

On doit avoir foin de faire foutenir la hampe dans le centre de l'ame: on peut fe fervir pour cela d'un ou de deux demi-cylindres H pareils à ceux de la *Figure 3, Planche IIe*

P Armurés d'acier affemblées fur le bord intérieur du calibre, dans l'endroit où les pointes de l'étoile portent.

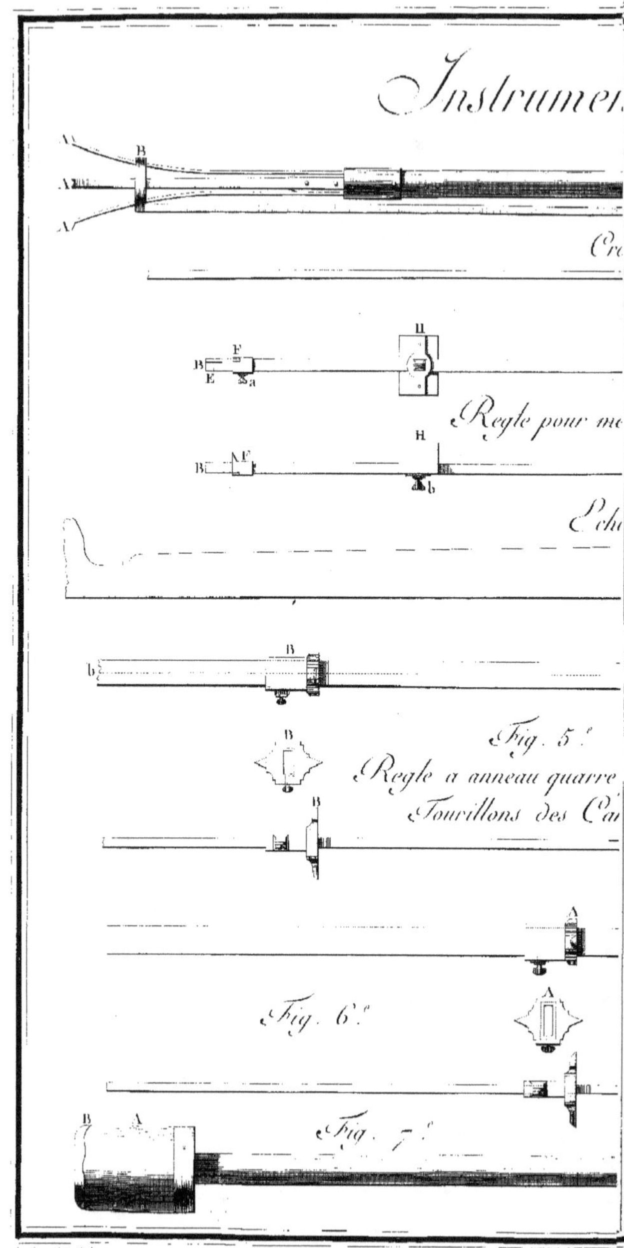
Instrumen.
Cr
Regle pour me
Ech
Fig. 5.
Regle a anneau quarre
Tourillons des Ca
Fig. 6.
Fig. 7.

Figure 1.ʳᵉ ..Chat.

A Quatre pointes à ressort pour rechercher les chambres des canons.
B Anneau plat emmanché pour rapprocher les pointes du chat, quand on l'introduit dans le canon.
C Hampe du chat.
D Hampe de l'anneau.

Fig. 2.ᵉ — Crochet pour les Chambres.

A Crochet formé au bout d'une verge de fer, dont on garnit la pointe avec de la cire molle, pour avoir la figure des cavités qui peuvent se trouver dans le canon.

La verge est divisée en pieds & pouces.

Fig. 3.ᵉ — Règle pour mesurer la longueur des Canons.

A B Règle sur laquelle est marquée la longueur i de l'ame des canons de tous calibres, & leur longueur extérieure depuis la bouche jusqu'au derrière de la plate-bande de culasse.

C Divisions pour la longueur de l'ame.

D Longueurs extérieures.

E Divisions du bout de la règle servant à déterminer la longueur extérieure, en partant des divisions D.

Les divisions C, E sont d'un pouce subdivisé en demi-ligne.
Les divisions D ne sont marquées que par un trait.

F Douille carrée à pointe, servant à déterminer la distance, depuis le derrière de la plate-bande de culasse jusqu'à la bouche.

a Vis de pression qui fixe la douille au point où l'on veut.

G Traverse à douille carrée & à vis de pression, que l'on fixe sur les divisions D des longueurs extérieures marquées par la pointe F de la douille du bout de la règle, & que l'on promène sur les divisions C lorsqu'on veut prendre la longueur de l'ame.

H Demi-cylindres de bois dur que l'on fixe à la règle, aux distances que l'on veut, par le moyen de la vis de pression b.

Fig. 4.ᵉ ....

Échantillon du canon profilé dans une lame de fer d'environ 2 lignes d'épaisseur.

On peut aussi se servir d'une règle droite, sur laquelle on marque, par des crans, l'emplacement des parties extérieures du Canon.

Fig. 5.ᵉ — Règle à anneau carré pour les Tourillons des Canons.

A Anneau carré que l'on passe dans les tourillons : le côté du carré qui est dans la direction de la règle, doit poser sur leur dessus.

B Douille carrée à deux pointes, que l'on arrête sur la ligne qui marque le derrière de la plate-bande de culasse pour avoir la distance de cette ligne jusqu'au-devant des tourillons.

a b Ligne du dedans de l'anneau, dirigée dans le milieu de la largeur de la règle, & sur laquelle les pointes de la douille sont placées.

La douille B est à deux pointes, afin que la règle serve pour les deux tourillons.

Cette règle sert pour les tourillons dont le dessus est à la hauteur de l'axe du canon.

Fig. 6.ᵉ — Règle pour les Tourillons des Mortiers.

Le centre de l'anneau de cette règle, ainsi que de celle des canons de campagne, doit être dans la direction du milieu de la largeur, par la raison que l'axe des tourillons est vis-à-vis l'axe de ces bouches à feu.

Fig. 7.ᵉ — Refouloir pour la vérification de la lumière.

A Refouloir dont on couvre le bout B de terre glaise quand on veut vérifier le point où la lumière du canon aboutit dans l'ame.

D Hampe du refouloir.

Fig. 8.ᵉ — Croix de fer ayant 3 points de moins que le calibre des Canons.

A Croix de fer servant à mesurer l'ame des canons, s'ils ont 6 points de moins que le calibre, l'étoile qui est du calibre juste ne pouvant pas y entrer.

B Douille qui se monte à vis dans le centre de l'étoile.

C Hampe de la douille.

D Calibre servant à vérifier la croix.

E Armures d'acier assemblées sur le bord intérieur du calibre.

Instruments pour la Vérification des Canons.
Chat   Fig. 1.
Crochet pour les Chambres   Fig. 2.
Regle pour mesurer la longueur des Canons.   Fig. 3.
Echantillon du Canon   Fig. 4.
Fig. 5.
Regle a anneau quarré pour les
Tourillons des Canons.
Fig. 6.
Regle pour les Tourillons des Mortiers
Fig. 7.
Refouloir pour la verification de la Lumiere
Echelle de 5 pouces pour Pied.
Coupe a l'Echelle

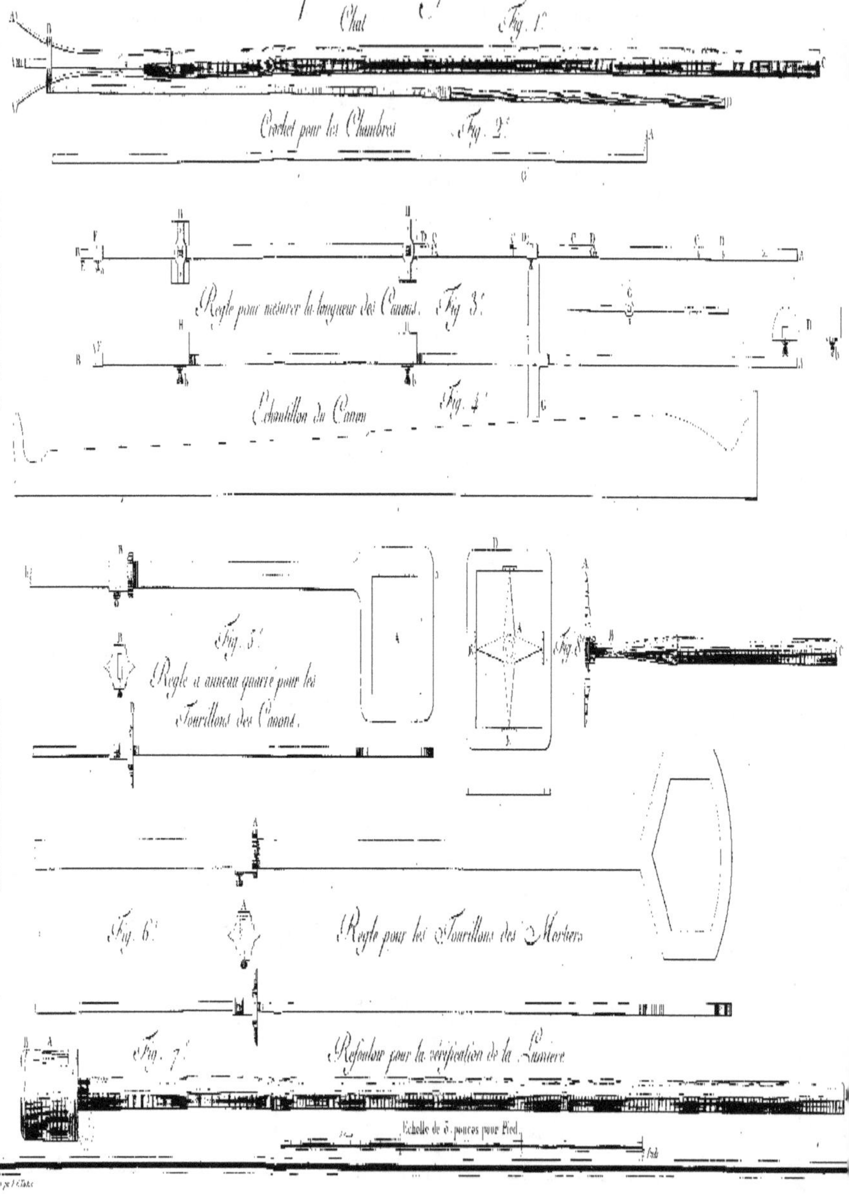

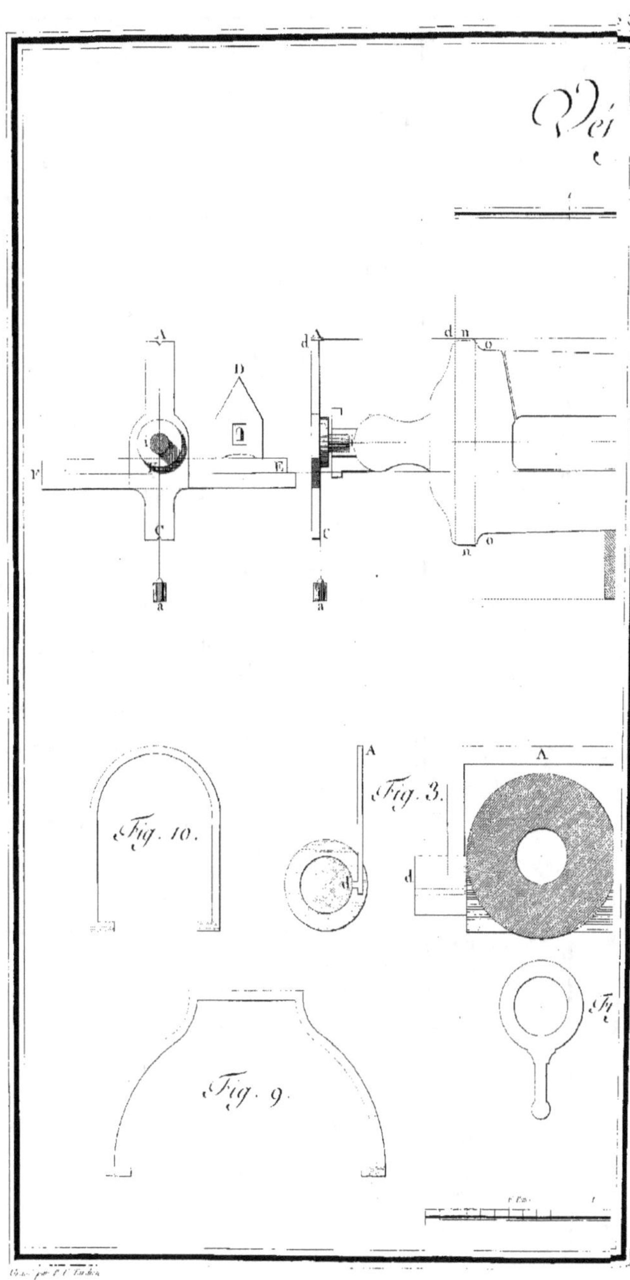
Vét
A
D
d
d n o
v
E
C
a
a
n o
Fig. 10.
Fig. 3.
A
A
d
d
Fig. 9.

A Cʀᴏɪx de bois ayant dans fon centre un pivot I qui fe loge dans l'excédant du bouton.

    Cet affemblage peut fe faire différemment, felon la figure de cet excédant.

B Pareille croix dont le pivot I fe loge dans un cylindre de bois introduit dans la bouche du canon.

    Il y a des croix pour chaque calibre.

    La branche E F des deux croix doit être dirigée horizontalement par le moyen du niveau D.

    Ces croix doivent être folidement fixées dans leur logement.

E Épaulement coupé fur une ligne perpendiculaire à A C ou B C, & qui doit paffer par le point K.

d d Ficelle tendue fur la fommité des deux croix de A en B, fervant à marquer la place de la lumière.

    Si fans changer le canon de pofition, on tend la ficelle d'un des épaulemens E à l'autre, elle doit paffer par le centre des tourillons, parce que la diftance J K eft égale à leur demi-diamètre.

    On marque la place de la lumière & ce centre avec un pointeau.

    En faifant enfuite tourner le canon diamétralement fur lui-même, & en pofant la ficelle fur les bouts C des deux croix, elle fert à déterminer le point qui doit être également éloigné des embafes.

Figure 2.ᵉ . . . . . . A Double équerre fervant à difpofer les tourillons horizontalement par le moyen du niveau D.

Figure 3.ᵉ . . . . Même équerre, dont les talons d étant préfentés contre les deux tourillons, fert à faire connoître fi leurs côtés font dans le même alignement.

Figure 4.ᵉ . . . . Lunette égale au diamètre des tourillons, & qui fert à les calibrer.

Figure 5.ᵉ . . . . Échantillon de fer pour vérifier fi le deffus des tourillons eft à la hauteur de l'axe du canon.

Figure 6.ᵉ . . . . Lame de fer profilée fur le deffous du canon, pour mefurer l'écartement des embafes.

Figure 7.ᵉ . . . . . . Compas courbe fervant à prendre les diamètres extérieurs.

Figure 8.ᵉ . . . . Règle à crans, fur laquelle font entaillés les principaux diamètres du canon.

Compas formés d'une feule barre de fer.

Figures 9.ᵉ & 10.ᵉ   La _Figure 9_ eft pour les gros calibres, & la _Figure 10_ pour les petits.

Ces compas font préférables, pour le travail, au compas courbe, parce qu'ils ne font pas fujets à varier ; mais il en faut un pour chacun des principaux diamètres des canons.

Figure 11.ᵉ . . . . . Profil du cul-de-lampe, du bouton & de fon collet.

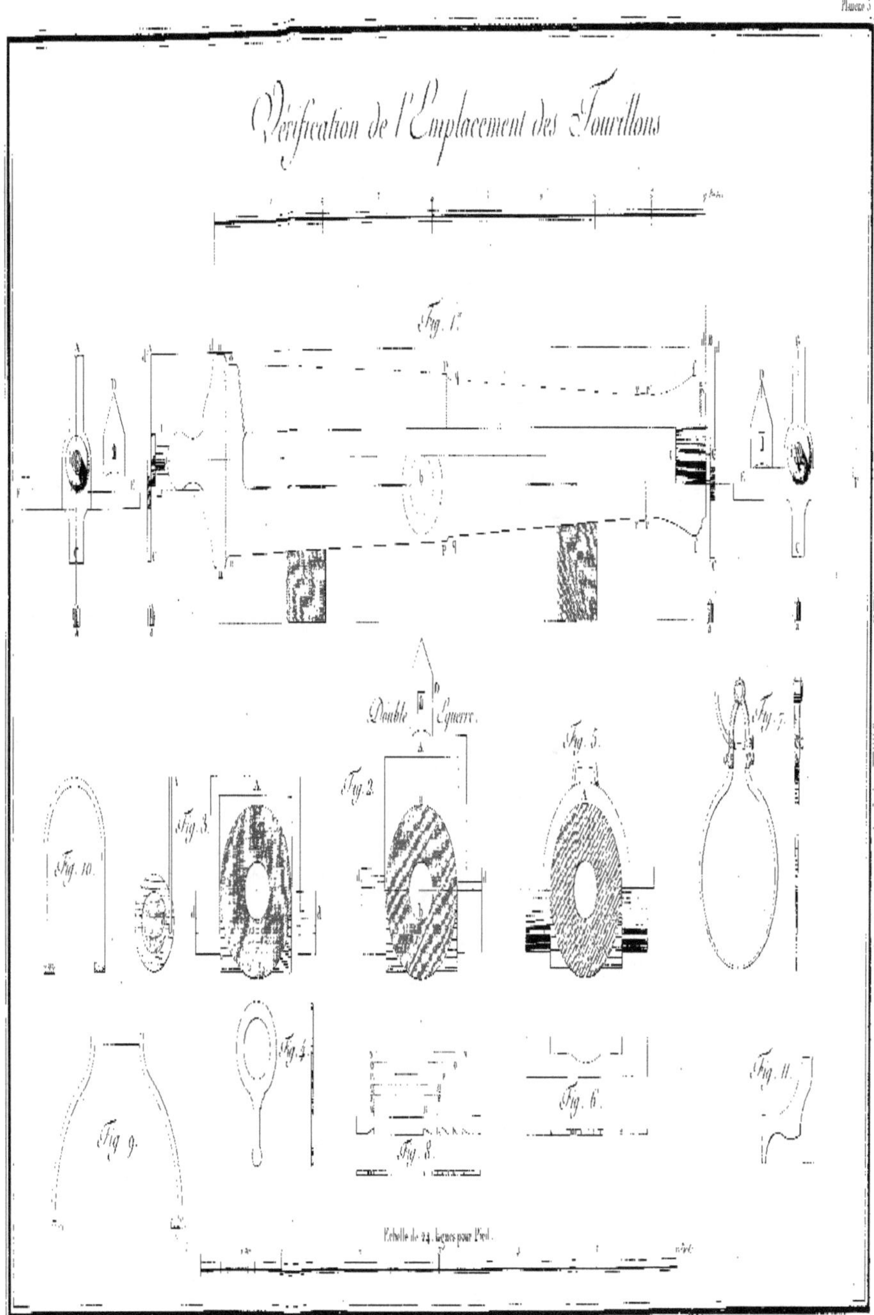
Vérification de l'Emplacement des Tourillons
Fig. 1.
Double Équerre.
Fig. 2.
Fig. 3.
Fig. 4.
Fig. 5.
Fig. 6.
Fig. 7.
Fig. 8.
Fig. 9.
Fig. 10.
Fig. 11.
Échelle de 24 lignes pour Pied.